K.KIMURA

K.KIMURA

TOKYO 2020

2020

K.KIMURA

rio2016
JAPAN

WOR
LASG
2015 IPC SWIMMING WORLD CHA
CHAMPIONSHIPS
speedo
JAPAN

はじめに――「尖らない生き方」のすすめ

僕のことを知らない方もいると思うので、まずは簡単な自己紹介をしたいと思う。

僕は、先天性の障がいによって、2歳のときに全盲となった。物心ついたときにはすでに〝暗闇の世界〟を生きていたので、「視覚のある世界」というものをまったく知らない。そんな僕が小学4年生の頃に水泳と出合い、それ以来、およそ四半世紀にわたりプールで日々を過ごしてきた。

2008年、18歳のときにはじめて北京パラリンピックに出場して以来、2012年・ロンドン大会、2016年・リオ大会、そしてコロナ禍の真っただ中にあった2021年・東京大会に出場。そして、この本を書いている2024年現在は、夏に行われるパリ大会に向けて、試行錯誤しながら調整に励んでいるところだ。

そして現在では、現役アスリートとして過ごしつつ、東京ガスの社員となり、2022年には結婚もした。

あらためて振り返ってみると、いろいろなことがあった。幼い頃から、「パラリンピックで金メダルを獲得したい」という思いを抱いてきたけれど、その夢は東京大会でついに叶えることができた。

それまでの道のりは決して平坦なものではなかったし、波乱万丈の人生だったといっていいだろう。

いまこの本を手にしているみなさんは、僕の簡単な略歴を見て、どのような感想を持っただろうか？

なかには、僕に対して「生まれながらのハンディキャップをものともせず、襲いかかる困難にも負けず、不屈の精神で金メダルを手にした努力の人」というイメージを持った人もいるかもしれない。

もしも、清く正しい努力と汗の結晶の感動巨編を期待されている方がいたとしたら、はじめに謝罪しておきたい。

「ドラマチックなものを求めている、そんなあなたの期待に沿える内容ではないかもしれません」

先に述べた僕の半生は、嘘偽りのない事実だし、困難に見舞われたことも本当のことだけど、実際のところはそこまで追い詰められていたわけでもないし、常に悲壮感を抱いていたわけでもなく、「困ったな、どうしよう?」とただただオロオロしているうちに、たくさんの人に助けられたり、たまたま運がよかったりと、様々な偶然と幸運の結果、ここまでなんとか辿り着くことができた——。

そんな感じなのである。

この本は、いわゆる「身体障がい者による感動ストーリー」とはほど遠いかもしれない。僕自身は、自分のことを極めて常識的な、そして〝普通の人間〟だと思っている。決して、恵まれた才能があったわけでもなく、血ヘドを吐くような猛練習を耐え抜いたわけでもない。

たまたま「目が見えない」という障がいを持って生まれてきただけで、それ以外はごくごく普通の30代の男性である。けれども、そんな僕がこうして本を出して、自分の人生を語る機会をもらった。

ならば、せっかくなので正直にありのままを語っていくつもりだ。

今回、あらためて自分の歩んできた道を振り返ってみて、気づいたことがある。僕はこれまでずっと「尖らない生き方」を目指してきたように思う。尖らないように、肩ひじ張らないようにと生きてきたことが結果的に幸運をもたらしてくれたのだ。そして、それはある意味「壁を超えるマインドセット」でもあるのかもしれない。さて、「尖らない生き方」とはどんな生き方なのか？　小難しくなく、気楽に読めるように、正直な思いをのんびりとお話していきたい。

だから、肩ひじ張らずに読んでいただければ幸いだ。

どうぞ、最後までおつきあいください。

壁を超えるマインドセット 尖らない生き方のすすめ ＊ 目次

第5章 人生はいろいろあるから面白い

企画・構成　岩川悟（合同会社スリップストリーム）
編集協力　長谷川晶一
東京ガス株式会社

第1章 僕にとって壁とは

01

僕の目玉は幸せ者だ

僕は「全盲スイマー」だとか、「盲目の金メダリスト」と呼ばれている。

2021年に行われた「東京2020パラリンピック」では、100メートルバタフライ S11で悲願の金メダルを、100メートル平泳ぎ SB11では銀メダルを獲得したことで、テレビに出たり、講演会でスピーチしたり、人前に出たりする機会も多くなった。多くの人から求められている限りはできるだけ期待に応えたいと考えているので、僕なりに楽しみながら新鮮な経験をさせていただいている。

はじめて出会う人からは、「目が見えなくて大変ですね」といってもらうことが多いのだけれど、僕としては「目が見えない世界」が日常だから、「ええ、まぁ……」と曖昧な返事になってしまうことがしばしばある。

いまでは全盲の僕だけれど、かつては目が見えていたらしい。「らしい」というのも、僕自身には「見えていた世界」の記憶がないからだ。

1990年9月11日、木村家の第二子、長男として僕は誕生した。生まれた直後はほかの子と同じように目が見えていたようだ。でも、少し成長して、食卓の縁につかまって伝い歩きをするようになると、ほかの子よりも、あるいは3歳上の姉のときと比べても、角にぶつかって転ぶシーンが目立つようになったという。そこで母が眼科に僕を連れていくと、医師から衝撃的な宣告を受けることになる。

「この子はいずれ、ほぼ確実に視力を失います」

こうして、僕が生まれた滋賀県内の眼科では手の施しようがなく、滋賀から70キロも離れた福岡大学病院で診察を受けることになった。

その後、2歳4カ月で最初の手術を受けた。しかし、まったく事態は改善せずに、さらに視力は低下してしまう。こうしたことが何度も繰り返された。

その結果、三度の入院で計7回の手術を行ったのだけれど、手術のたびに僕の目は悪くなる一方だった。この間も、両親は滋賀の実家と福岡の病院を行ったり来たりしながら、懸命に僕の目のことを心配してくれていた。

しかし、7回も手術をしたのにまったく好転の気配もなく、病院の先生からは「敬一くんは、盲児として育ててください」と宣告され、母もまた「これ以上、息子に痛い思いをさせたくない」と決心したという。

こうして僕は、物心ついたときにはすでに光のない世界の住人となっていた。そして、それが僕にとっての「日常」となったのだ。だから、多くの人から「大変ですね」と心配されても、おそらくその人が思っているよりは大変じゃない。僕はそんな気がしている。

むしろ大変だったのは、両親、特に母のほうだろう。全盲の子どもを育てる親の苦労なんて、想像するだけでも「本当に大変だろうなぁ……」と、まるで他人事のように思ってしまうのだ。

僕はすでに30歳をすぎ、夢だった金メダルも獲得した。それでも、両親はいまでも僕のことを、そして、僕の目のことを心配している。30年以上も、息子の視覚のことを考えて胸を痛めているのだ。だからこそ、あらためて父と母には感謝しかない。ありがたく、そして申し訳なく思うと同時に、つくづく感じる。

僕の目玉は、本当に幸せ者だ――。

02

プールのなかには
障がい物もない。
だから、迷子にだってならない

僕は目が見えないけれど、幼い頃から活発で元気な少年だった。

小さな頃から、3歳上の姉の助けを借りながらいつも外で遊び回っている、ごく普通の男の子。なにも見えていないのに、むやみやたらと走り回るものだから、僕はいつも泥だらけ、傷だらけだったそうだ。

小学3年生の頃には、「野球」に夢中になった。あえてカギカッコ付きの「野球」と書いたのは、誰もが知っている一般的な野球とは異なり、目が見えない人ならではの独自のものだったからだ。

戦いの舞台は、学校の体育館。使用する道具は鈴の入った軽いバレーボールとプラスチック製バット。ルールはいわゆる、三角ベースだ。対戦相手は先生チームがもっぱらで、僕ら小学生チームと毎日のように熱戦が繰り広げられていた。

高学年になる頃にはプラスチック製バットでは物足りなくなって、金属バットを使っていたから、試合はさらにダイナミックで白熱したものになった。

5年生の頃には特大ホームランをかっ飛ばしたり、塁に出ればすかさず盗塁を試みたり、とにかく尋常じゃない運動量を誇っていた。結果的に、この頃に思う存分、身体を動かしたことが、僕の運動神経や体力の源となったのは間違いないだろう。

けれどもその代償として、最初に述べたように、僕はいつも泥だらけ、傷だらけだった。物心ついたときにはすでに目が見えなかったので、幼い頃の僕には「怖い」という感覚が希薄だったのだ。だからこそ、両親から見たらヒヤヒヤすることの連続だったはずである。

そんなときに白羽の矢が立ったのが水泳だった。


小学4年生のときに盲学校のマラソン大会が行われた。もちろん、伴走者の先生と走ったのだけれど、この頃になると僕の走力はかなりアップしていて、クラスのなかでも足が速いほうだったので、伴走してくれた先生はかなりヘトヘトだった。その先生も走るのが苦手なタイプではなかったのに、かなりヘトヘトになっていた姿が記憶に残っている。

「敬一くんと一緒に走るのはもう無理だ……」

レース後の先生の言葉を聞いて、「このままでは運動不足になってしまう」と心配した母が見つけたのが、近所のスイミングスクール。このとき、母の胸の内には、「プールのなかには障がい物もない。迷子にだってならない」という思いがあったという。確かに、親にとっては、ケガの心配も迷子の心配もない。子育てするには完璧な最高のアイデアだったはずだ。

そして、僕自身も体育の授業を通じて水泳には興味を持っていたし、すでにクロールで泳ぐこともできていたので、まさに渡りに船の提案だった。

そのスクールは、それまで視覚障がい者を受け入れたことがなかったようで、「はたして大丈夫だろうか？」といった反対意見もあったようだけれど、結果的には無事に入会できることになった。まわりは健常者ばかりで、まずはスクール内の一番下のクラスに入ることになった。はじめは納得がいかなかったのだけど、それを糧に頑張ることができた。

ケガをせず、迷子にならないように——。そんな母の思いではじめたことが、僕の人生を決めることになった。運命というのは、本当に面白いものだ。

03

両目が見えなくたって、僕には、両手、両足がある

2歳になる頃には完全に視力が失われてしまった。

だから僕には、「見える世界」というものが、どんなものなのかはよくわからない。いつも僕を優しく見守ってくれている母の笑顔を見たこともなければ、変わりゆく四季の移ろいを愛でることもない。

ずっと切望していた金メダルでさえも、それが一体、どんな色なのか見当もつかない。ちなみに、東京大会のメダルは、縁に穴が彫られており、その穴の数で、それが何色のメダルかわかるようになっている。

たまに、「もしも目が見えたら……」と考えることもあるけど、だからといって、自分の境遇を恨んだり、嘆いたりすることもない。確かに不便ではあるけれど、決して不幸ではない。僕は常々、そう考えて生きてきた。

パラリンピックは障がいの度合いに応じてクラス分けされている。ひと口に「障がい」といっても、脚や腕が欠損している人もいれば、僕のような視覚に障がいがある人もいるし、知的障がい、脳性まひなどその種類や程度は一人ひとり異なる。

そこで競技の公平性を保つため、「クラス分け」や「ポイント制度」といった独自のルールが設けられているのだ。前述したように、僕は東京大会では、100メートルバタフライ S11で金メダルを、100メートル平泳ぎ SB11で銀メダルを獲得した。

ざっと説明すると、アルファベットの「S」は自由形、背泳ぎ、バタフライのこと。「SB」は平泳ぎで、「SM」は個人メドレーのことを指す。そして、数字はその選手の障がいの度合いを表している。視覚障がいは「11〜13」で、数字が小さいほど障がいが重いということになる。ということで、全盲の僕の場合はもっとも障がいの重い「11」となっているのだ。

日本の大会においては、視覚障がいの場合は「11〜13」だが、知的障がいは「14」で、聴覚障がいは「15」となっている。身体の機能に関する障がい（切断、脊髄損傷、脳性まひなどの肢体不自由）を抱えている人は、「1〜10」にクラス分けされることになる。

区別は明確だけど、だからといって、「自分はあの人よりも障がいが重いから不幸だ」とか、「オレはあの人と比べれば数字が大きいから幸せだ」というつもりはまったくない。自分の幸せ、不幸せを他人と比べても仕方がないからだ。幸福の価値基準は、あくまでも自分にあるのだし、自分で決めたい。

ドーンと落ち込んでしまうことは、もちろん僕にもある。そんなときの自分のメンタルを振り返ってみると、ないものねだりをしているケースが多いと気づく。さっきもいったように、「もしも目が見えたら……」と考えることもある。

けれども、そんなときには「ないもの」「失ったもの」を考えるのではなく、自分が「すでに持っているもの」「手にしているもの」を考えたほうがずっといい。

両目が見えなくても、僕には、両手、両足がある。

パラリンピックにおいて、四肢欠損の選手と触れ合う機会も当然多い。そんなときには「あぁ、大変だな……」と思ってしまうのだけど、もしかしたら彼ら彼女らもまた、僕と同じように「自分にはこれが日常だから、そんなに大変でもないのにな」と考えているのかもしれない。

04

誰かに憧れることこそ、夢の実現への第一歩

2004年、僕が中学2年生のときにアテネパラリンピックが行われた。

このとき、高校生やパラリンピック出場選手と一緒に練習するチャンスをもらった。この頃はいまよりもパラ選手の練習環境は恵まれておらず、トップ選手といっても、普通の中学生や高校生と一緒に練習することもあったのだ。

滋賀県の盲学校を卒業後、父の意向もあって東京の筑波大学附属視覚特別支援学校を受験して、どうにかこうにか合格した。東京で寄宿舎暮らしをすることに母は最後まで反対していたけれど、合格が決まった以上、母もあきらめるしかなかったのだろう。

もちろん、中学では水泳部に入部した。そして1年が経った頃、はじめてパラリンピアンとの合同練習を経験することになったのだった。

ここで僕ははじめて、日本パラ水泳界のパイオニアであり、レジェンドである河合純一さんとお会いした。以前から憧れの存在だったのだが、実際に一緒に練習してみると、どうして河合さんがレジェンドなのかすぐに理解できた。

同じ全盲でも、僕が1往復しているあいだに、河合さんは2往復しているくらい、圧倒的なスピードを誇っていたのである。

このとき、「僕もパラリンピックを目指そう」「パラリンピアンになりたい」とはっきりと自覚することになった。それまでの憧れは、当時における競泳界のスーパースター、イアン・ソープ選手だった。当時の僕は「息継ぎが大きすぎる」という欠点があったのだが、「ソープは口が半分しか出ていないぞ」と指導されたので、すぐに修正することにした。

テレビに登場するイアン・ソープ選手は遥か彼方の存在だったけれど、「ひょっとしたら、僕も頑張れば河合さんのようになれるかもしれない」というかすかな希望の光を感じた。やはり、「テレビのなかの人」よりも、「目の前の先輩」のほうが、圧倒的に影響力は大きい。

河合さんが筑波の先輩だということも嬉しかった。その後、ともに日本代表選手として実際に接してみると、ますますその人柄に魅了された。そしてなによりも、パラリンピックでは無類の強さを発揮したのもカッコよかった。

1992年・バルセロナ大会……銀メダル2個、銅メダル3個
1996年・アトランタ大会……金メダル2個、銀メダル1個、銅メダル1個
2000年・シドニー大会……金メダル2個、銀メダル3個
2004年・アテネ大会……金メダル1個、銀メダル2個、銅メダル2個
2008年・北京大会……銀メダル1個、銅メダル1個
2012年・ロンドン大会……メダル獲得なし

これだけ長いあいだ第一線で活躍されたのは本当にすごいことだ。僕の憧れの人であり、僕が今後生きていくうえでのロールモデルでもある。

高校卒業を控えていた頃、僕はなんの迷いもなく「早稲田に行こう」と決めていた。もちろん、河合さんが早稲田大学教育学部出身だったからだ。

高校時代の僕は「絶対に合格するだろう」と高を括っていたけれど、結果は不合格。人生最初の挫折だった。その結果にはまったく納得がいっていないけれど、きちんと受験勉強をしていたわけではないので、誰にも文句はいえない。

05

完全な環境なんて存在しない。与えられた環境で戦うだけ

中学生の頃に「パラリンピックに出る」という目標ができた。そして、猛練習の甲斐あって、高校3年生だった2008年に北京大会出場を決める。

この大会では、自己ベストを5秒も上回る記録を出したのだが、最高でも5位入賞で、メダルには手が届かなかった。大会前には「出られるだけでも十分だ」と思っていたけれど、実際にメダルを逃すと悔しさが募ってくる。

よく、「参加することに意義がある」という。だけど、当事者の選手にとっては「参加するだけではダメなんだ」というのが真実だ。こうして、この日から僕の目標は「絶対に金メダルを獲る」に変わった。

それから4年後、僕は日本大学の4年生、22歳になっていた。そして、ロンドン大会に出場する。本命の50メートル自由形ではメダルを逃したけれど、自分でも期待していなかった100メートル平泳ぎで銀メダルを獲得した。

順調に結果が伴っていたからこそ、僕は当然のように「4年後のリオ大会では金メダルだ」と思っていた。もちろん、そのための努力は怠らなかった。それまでよりもさらにハードな練習を自らに課したし、日頃から「金メダルのために」とストイックな生活を実践した。

当時は、社会人スイマー兼大学院生として心身ともに充実していた。この期間を通じて僕は、「本当のアスリートになれた」という実感を得た。

それでも、リオ大会でまたしても金メダルを逃してしまった。

たかだか30数年の人生かもしれないけれど、もしも誰かに「人生で最大の挫折は？」と尋ねられたら、僕は迷いなくこのときの経験を挙げるだろう。

5日連続でレースに出場して、初日は銀、2日目は銅、3日目は銀、4日目は銅、そして最終日は4位に終わった。

（このままではダメだ……）

次の大会は東京で行われることが決まっていた。母国開催で金メダルを目指すにはなにかを変えなければいけない。いや、すべてを変えるべきだ。

こうして僕は、なにもツテがないのにアメリカ留学を決めた。あとから考えても、この頃の僕はどうかしていた。けれども、なにかを成し遂げるには「どうかしている」くらいでちょうどいいのかもしれない。

アメリカでは、水泳のことだけでなく生活全般からガラッと環境が変わることになる。英語力は英検2級レベル、知り合いはいない、ツテもコネもない。おまけに目も見えないときた。ないないづくしで不安だらけだったけれど、「新しい環境、新しいコーチの下で、一からやり直したい」という思いのほうが勝っていた。自分に対して、新たな環境を与えたかったのだ。

この頃、僕の心を支えていたのは、こんな思いだった。

完全な環境なんて存在しない。与えられた環境で戦うだけ。

固い決意とともにスタートしたアメリカ生活だったけれど、実際のところ、英語はさっぱり通じないし、国内移動だけで10時間もかかったり、食事が口に合わなかったりと大変なことばかりで、何度も挫《くじ》けてしまった。だけど、そのたびに、「与えられた環境で戦うだけだ」と自分に言い聞かせた。多少、マゾっ気があるのかもしれないが……そう思うしかなかったのだ。

06

水泳は、僕にとって学びの場

小学4年生のときに水泳と出合った。

それから現在にいたるまで、まさか30年近くもプールとともに人生を歩んでいくことになるとは思ってもいなかった。

前項で述べたように、リオ大会終了後、僕は環境を変えて一からやり直すために、思い切ってアメリカで生活することを決めた。繰り返しになるけれど、あとから考えれば「あのときの僕はどうかしていた」のだと思う。

アメリカ生活においてお世話になったのが、尊敬するブラッドリー・スナイダー選手だ。彼の登場は衝撃的だった。ある競技会に突然現れて、ことごとく記録を塗り替え、世間が「彼は一体、何者なんだろう?」と思う間もなく、あっという間に2012年のロンドン大会への出場を決め、それ以降も国際大会でたくさんの金メダルを獲得している選手だ。

ある日の新聞記事で、彼がどんな来歴で、どんな人生を送ってきたのかを知った。

彼はかつて、アメリカ海軍精鋭の爆弾処理班に7年間所属し、イラクとアフガニスタンに派遣されたのだという。しかし、2011年9月、アフガニスタンでの任務中に簡易爆発装置（IED）を踏んで、視力を失ってしまった。

　こうしてパラリンピアンとなって、彼は合計5個の金メダルを獲得。水泳引退後はトライアスロンに転向し、東京大会でもさらにもうひとつの金メダルを手にしている。本当に、心から尊敬できる存在だ。


はじめて彼のことを知ったとき、「なるほど、これが本来のパラリンピアンなんだな」と感じた。パラリンピックの起源は「負傷兵のリハビリ」だったという。そう考えると、スナイダー選手の活躍は、まさにパラリンピックの精神を体現するものだろう。

　彼が戦場で体験してきたことを想像すると、急に「世界では日常的に戦争が起こっているのだな」という実感が湧く。それまでは自分とは無関係の遠い世界の出来事だったのに、急に身近な問題として認識されはじめたのだ。

　彼のことを知るにつれて、「直接会って、話をしてみたい」と強く願うようになった。そして、通訳を介して本人に会ってみると、想像以上にカッコよく、尊敬できる選手だということを痛感した。

そうしたこともあって、リオ大会が終わって、まるで逃げるようにアメリカ行きを決めた際に相談したのがスナイダー選手だったのだ。現地では彼がプールや練習場を案内してくれて、親切にコーチまで紹介してくれた。

さらに、ボルチモアから車で1時間ほど行ったアナポリスという街に暮らす彼の自宅にも泊めてもらったし、地元のレストランやカフェにも何度も案内してもらった。このときに水泳のトレーニング方法はもちろん、アメリカという国のこと、パラリンピックの意義、引退後の人生の過ごし方、生きる意味など、多岐にわたってたくさんの話をした。

水泳を通じて、多くの出会いがあった。同じ競技に勤しむ者としてだけではなく、ひとりの人間としてリスペクトすべき多くの人から、いろいろなことを教わった。義務教育を経て、高校、大学、大学院にも通ったけれど、いまでも水泳からは本当にたくさんのことを教わり続けている。

07

「目が見える」ということは、僕にとってはもはや特殊能力なのだ

ここまでで述べたように、視覚がないことで不便さこそ感じているものの、そのことを絶望視したり、人生レベルでの大きな停滞が起こってしまったりしたことはこれまでにない。僕にとっては、「目が見えないということ」はすでに「あたりまえ」であり、「日常」であるからだ。

逆に、1回も「目が見える」という経験をしていないので、「目が見える」ということに対して、うまく想像することができないのも事実である。僕にとっては、「目が見えること＝特殊能力」というイメージだからだ。

たまに健常者の友だちと歩いていて、その人が道を間違えることがある。そのとき、僕は不思議で仕方がない。

（どうして、目が見えるのに道に迷うんだよ……）

口には出さないものの、いや、つい口に出てしまうこともしばしばあるけれど、目が見えるのに迷子になるというのがどうにも理解できないのだ。せっかく地図アプリを見ているのに、どうして「道がわからない」ということが起こるのか？　皮肉でもなんでもなく、本当に理解できないのである。

あるいは、友だちの目の前で財布の中身をぶちまけてしまい、小銭が散らばってしまったとしよう。友だちが慌てて拾い集めてくれるのだけど、あきらかに小銭が足りないことがある。「あれ、どこに行ったかな？」と隅々まで探してくれるのはありがたいのだけれど、やはり内心では「どうして、目が見えるのに見つけられないの？」という思いを抱いてしまう。

こんな例は、枚挙にいとまがない。

目が見えない僕は、はじめて訪れるビルの入口がわからないことがよくある。けれども目が見える人が「どこから入ればいいんだろう？」と困っているとき、「目が見えるのにわからないことってあるのかな？」と、ついつい疑問に思ってしまうのだ。

むかしから、「百聞は一見に如《し》かず」というのに、「一見」してもわからないことがこの世の中にたくさんあるのだという事実が受け入れがたいのだ。

街を歩いていて、新しくオープンした店を見つけたときに「あれ、ここは以前はなにが入っていたんだっけ？」と悩んでいるのもよくわからない。毎日、この道を通っていつも見ていたはずなのに……。だってそうではないか。視覚からの情報量は、絶対に聴覚や触覚からの情報量以上に膨大なものなのだから。

けれども、目が見える人にこの話をしても、なかなか共感を得られないのも事実だ。

「目が見える」ということを特殊能力だと考えている僕は、せっかくの能力を使いこなせていないことにイライラしたり、「せっかくの能力なのにもったいないなぁ……」と、ついつい考えてしまったりするのである。

もちろん、目が見える人であっても、道に迷うこともあれば、落とし物が見つからないことがあるのも頭では理解している。

そう考えると、僕が健常者の心情を100パーセント理解できないように、健常者にとっても視覚障がい者の心情を完全に理解することは難しいのだろう。

やはり、「お互いを完全に理解するのは難しい」と理解したうえで、それぞれの立場に立ってコミュニケーションを図っていくしかない。相互理解はやっぱり難しいのだと、こんな一件からも痛切に感じる次第である。

08

生まれながらの障がいによって、僕は「心のブレーキ」を手に入れた

なんのあてもないのに、現実逃避のためにアメリカに行き、コロナ禍という外的要因はあったものの、ホームシックもあって日本に戻ってきた。

わずか1年11カ月のアメリカ生活だったけれど、僕はたくさんのものを手に入れたし、新たな世界がグーンと広がったのは間違いない。

人間にはふたつのタイプがあると考える。

ひとつは、いくら楽しくなくても、たとえ毎日がつらくても、「現状を受け入れて、じっと我慢するタイプ」だ。そしてもうひとつは、とりあえずノープランでもいいから、「現状打破のために、勇気を持って行動するタイプ」だ。

もちろん僕は、圧倒的に、絶対的に前者の人間である。けれども、金メダルを逃したリオ大会の直後は、よっぽど悔しくて、よっぽど頭が混乱していたから、「アメリカに逃げよう」という、後者の人間のような選択をしたのだといまなら理解できる。

基本的に僕は、まわりの人と波風立てることなく、とにかく穏便に、そして平和に仲良くやっていきたいと考える人間だ。だから、ほとんどのことを「自分が我慢して済むことなら、我慢すればいいや」と考える。

同時に、アクション映画のような波乱万丈の人生よりは、なるべく堅実に、そして無難に、「少しでもリスクのない人生を」と願うタイプでもある。

ひょっとしたら、「ずいぶんつまらない人間だな」とか、「若いのだからもっと野望を持てばいいのに」と、まわりの人からは思われているかもしれないけれど、それならそれで構わない。どう考えても、リスクは少ないほうがいい。


あらためて、どうして自分がそんなことを考えるようになったのか、どうしてこんな性格になったのかを考えてみると、そこにはやっぱり目の問題がある。

生まれたときから障がいを持ち、物心ついたときには完全に失明してしまったことで、無意識のうちに「たぶん、これは無理だろうな」と最初からあきらめてしまう習慣が身についているのだろう。

障がいを持つ人には2種類のタイプがある。それは、僕のように、生まれたときから障がいがある人。そして、ブラッドリー・スナイダー選手のように、なんらかのアクシデントによって、後天的に障がいを負ってしまった人。

人生の途中から障がい者となってしまった人は、それまでにいろいろな経験をしているからこそ、「もういちど、あの楽しかった経験をしたい」とか、「元気だった頃の生活を取り戻したい」という思いが強いようだ。そのせいなのか、「障がい者にとって住みやすい社会を」とか「健常者と障がい者の共生社会を目指す」などと強めの言葉をいうのは、事故や病気などで途中から障がい者になった人が多い。

一方、僕のようなタイプの場合は、「そもそもそういう人生なのだ」「こういう社会なのだ」という思いが知らず知らずのうちに脳内にプログラムされているような気がする。その結果、少なくとも僕は「自分のやれる範囲のことをやっていこう」と、ブレーキを踏みながら徐行運転をしているのである。

けれども、どちらのタイプがいてもいいのだ。

たとえ他人がどう思おうとも、心のブレーキを踏みながら、僕は僕の人生を歩いていく。日に日にその思いは強くなっている。

09

誰にだって、
自分なりの「武器」がある。
僕の武器は
「障がい者である」ということ

健康で文化的な最低限度の生活を送るためには、人には「武器」が必要だ。

それは、僕が全盲だからそう思っているのか、それとも健常者にもあてはまるのかはわからない。けれども、僕はかなり小さいときから、「武器は持っていたほうがいい」という思いを明確に持っていた。

僕にとって、最初の武器は「水泳」だった。

小さな頃から水が怖くなかったこと、同級生たちよりも速く泳げたこと、まわりの人たちから褒められたこと、いろいろな要素が重なり合って、僕は水泳に夢中になった。そして、そこで結果を出すことで、さらに意欲的に練習に励むという好循環が生まれた。こうして、僕にとって水泳は大きな武器になった。

この武器は、僕に様々なものをもたらしてくれた。

多くの素晴らしい人たちとの出会い、世界各国を訪れることで得た見聞、そして、2021年の東京大会で手にした「金メダル」も、間違いなく僕にとっての〝最新で最強の武器〟となった。

リオ大会終了直後には、「どんなに頑張っても、金メダルを獲ることはできないのかもしれない」とか、「僕は金メダルと無縁の人生なのかな？」と落ち込んでしまうこともあった。

けれどもいまでは、「金メダル」という、防御力最強のシールドを手に入れたことで、少々うまくいかないことがあっても、「でも、金メダルはもう持っているから……」と、謎の余裕をかますことができるのだ。金メダルは最高である。

さらに最近では、「僕にはもっと最強の武器がある」と気づいた。それが、「全盲の障がい者である」という厳然たる事実だ。

健常者から見れば、「心身に障がいがある」というのは致命的な弱点や欠点に思えるかもしれない。

けれども、これまでも述べてきているように、生まれながらに障がいを持っている身からすれば「確かに不便ではあるけれど、そんなに悲観すべきことでもない」というのが、偽らざる心境なのだ。別に強がっているわけでもないし、他人からの同情を忌避しているわけでもない。

本当に心からそう思っているのだから、仕方がない。

「目が見えない」という現実は、僕にとってのアイデンティティである。そこからさらに進んで、いまでは「障がい者であることは自分の武器なのだ」と考えるようにまでなった。これまで、「全盲のスイマー」として、たくさんの場所に呼ばれてきた。『ｎｅｗｓ ｚｅｒｏ』（日本テレビ系列）ではキャスターをやらせていただき、ＮＨＫ『阿佐ヶ谷アパートメント』では、女装パフォーマーのブルボンヌさんと一緒に、山伏たちと修験道、修行に挑戦させてもらった。

また、天皇皇后両陛下が主催する園遊会には二度も参加させていただいた。ちなみに、最初は現在の上皇・上皇后両陛下、そして二度目は現在の天皇陛下、二代にわたってお目にかかる光栄な出来事だった。

こうした経験を積ませてもらっているのは、「金メダリストである」ということだけでなく、その前提として「全盲スイマーだから」という理由も大きい。

そう考えると、「全盲である」という事実は、僕のアイデンティティであると同時に、ほかの人には持ち得ない激レアアイテム、入手困難な武器のひとつであるといえるのではないか――。

10

「小さな成功体験」によって、どんどん自分自身が好きになっていく

僕には、「金メダリスト」と「障がい者」というふたつの武器がある。どちらもかなりの激レアアイテムなので、「それは木村さんのことであって、わたしには参考にならない」と思う人もいるだろう。

でも、ちょっと待ってほしい。

確かに、「金メダル」も「障がい」も、かなり特殊な例であることは認めるけれど、「誰にだって武器はある」と僕は考えている。

あらためて、自分自身のことを見つめ直してみると、実は自分でもなにかしらの能力や武器を持っていることに気づくはずだ。

少しページをさかのぼって、「03・両目が見えなくたって、僕には、両手、両足がある」の内容を思い出してほしい。そこにも書いたのだが、ドーンと落ち込んでしまうときは大抵、ないものねだりをしているケースが多いものだ。

けれども、そんなときには「ないもの」「失ったもの」を考えるのではなく、自分が「すでに持っているもの」「手にしているもの」を考えたほうがいい。

つまり、「自分ができないこと」を見るのではなく、「自分ができること」を洗い出してみる作業が大切なのだ。

僕のケースでいえば、「Ａｍａｚｏｎで、誰にも頼らずに自分ひとりでなにかを購入する」という武器を手に入れたのは、30歳になる頃のことだった。このときは本当に嬉しかった。自分がまたひとつ難解なミッションをクリアして、次のステージにレベルアップしたような感覚になったものだ。

アメリカで生活していた頃、あまりにも退屈で時間があったので、僕は日記をつけていた。帰国後、あらためて読み返してみると、そこには無邪気なまでの喜びの言葉が並んでいる。

そこに書かれているのは、「迷わないで目的地に辿り着いた」とか、「いつもは無愛想なスタッフに、勇気を持って話しかけることができた」とか、「嫌いな納豆をなんとか食べてみた」とか、本当にどうでもいいことばかりだった。

でも、当時の自分は割と真剣に、ときには必死になって、目の前の問題に取り組み、試行錯誤しながらものごとをクリアしていこうと奮闘していたのである。

それは、他人から見ればどうでもいい、取るに足らないことかもしれないけれど、当人にとっては、まさに「生きるか死ぬか」の切実な問題なのだ。話が大袈裟になってしまったけれど、こうした問題に対して、一つひとつていねいに向き合って、ときには失敗することがあったとしても、それを乗り越えることで自分自身が成長する手応えを感じることができるのではないか。

いまでもよく覚えているのは、アメリカ時代に自分が住んでいた部屋での時間だ。語学学校に行ったり、ジムでトレーニングをしたり、プールで練習をしたりと、慣れない場所で1日の予定をしっかりと終えて部屋に戻ってきた瞬間――。

このときの僕は、なんともいえない充実感を味わっていた。部屋に戻って日記を書いているときに、「なかなか頑張っているな」と心から思えた。自分で自分のことを褒めたくなるような気分になった。

他人から見れば、本当に些細なことかもしれない。けれども、その些細なことは決して無意味じゃない。小さな小さな成功体験を積み重ねることで、まずは自分のことが好きになる。その結果、気づいたときには自分だけの武器を手にすることができる。ミッションクリアだ。さぁ、次のステージへと進もう。

第2章

肩ひじ張らずに生きていく

11

硬くならず、ゆるく生きていこう

僕のような全盲の視覚障がい者にとって、外出する際にはたとえスマホや財布を忘れたとしても、白杖だけは絶対に忘れてはいけないマストアイテムだ。これがなければ生きていけない。まさに「命の次に……」、いや、下手したら「命よりも大切なアイテム」といっても過言ではないぐらいだ。

ちなみに、僕はよく物をなくす。財布、スマホ、家の鍵は何度もなくしていて、特に財布は覚えているだけで7回もなくしている。理由は「目が見えないから」ではなく、単に「そそっかしいから」「整理整頓ができないから」だ。幼い頃から、「目が見えないのだから、どこになにを置いたのかきちんとわかるように整理しなさい」と親に叱られてきたけど、大人になってもずっと変わらないので、間違いなくこれからもなくし続けるはずだ。もう、あきらめるしかない。

みなさんが街を歩いていて、向こうから白杖を持って点字ブロックの上を歩いてくる人を見かけたらどんな心情になるだろう？　おそらく、多くの人が若干の緊張感を覚えつつ、「邪魔にならないようによけようか」と、静かに道を空けてくれるのではないだろうか。

もちろん、その光景は僕には見えないけれど、その人が緊張している雰囲気はビンビン伝わってきている。

どうして緊張するのかというと、そこに「なにか手を差し伸べてあげたいのだけれど、なにをしていいのかわからない」という思いがあるからではないだろうか。

これまで、実に多くの人から「なにをすればいい？」と聞かれてきたが、その答えとしては「状況による」としかいえないのが本当のところなのだ。

例えば、駅のホームにいたとしても、「乗るべき電車がわからない」というケースだけではなく、単に「トイレに行きたい」というケースもあるし、「目的の出口を探している」場合もあれば、「待ち合わせしている人を探している」こともある。

だから、単にひとこと「なにかお困りですか？」とか、「なにかお手伝いできることはありますか？」といってもらえると、本当に助かる。

ただ、ややこしい表現になるけれど、困るのは「なにも困っていないとき」だ。

なんのトラブルもなく順調にことが進んでいるときに、「なにかお困りですか？」といわれると、どんなリアクションを取っていいのか悩んでしまう。

声をかけてくれた人は、きっと勇気を出して「なにかお困りですか？」と気遣ってくれているのは痛いほど理解している。それなのに、「別になにも困っていません」というのも悪い気がするし、そうかといって、自分ひとりで目的地に行けるのに「出口はどこですか？」と、知らないフリをするのも気が引ける。

だから、その点はぜひご理解いただきたい。もしも仮に「困っていません」といわれても、決して気を落とさずに、また次の機会に別の方に救いの手を差し伸べてもらえると、すごく嬉しい。

その点、アメリカの人々はまったく異なっていた。アメリカ留学中に驚いたのは、こちらが何度も「困っていないです」といっているのに、次に会うときにはまた「なにか困っていない？」と聞いてくれることだ。そこには、まったくためらいがない。たぶん、いちいち勇気を振り絞ったり、緊張したりすることなく、普段のあいさつのような感覚で声をかけるのだろう。あれは自然体で、本当によかった。硬くならず、ゆるく生きていこう。人生もまさに、かくありたい。

12

「肩ひじ張らない生き方」を目指す

一時期、人生の目標を「肩ひじ張らない」としていたことがある。具体的にいえば、2017年から2018年くらいのことだ。どうしてこの時期かというと、2016年のリオ大会において、僕はもう自分でも笑ってしまうくらいに、肩ひじ張って生きていたからだ。

2012年のロンドン大会終了後、「次は金メダルだ!」という思いで4年ものあいだ徹底的に自分を鍛えあげていた。生活のすべてが金メダル獲得のために費やされていたのだ。なにをしているときでも、頭のなかには金メダルがあった。

行動の指針となるのは、「それはメダル獲得のために有益かどうか?」というものだった。その結果、金メダル獲得に役に立たないと思われることは排除し、逆にあきらかにオーバーワークなのに、それでもハードな練習を自分に課して、「よし!これでまたメダルに近づいた」と安心感を得ていたのだ。

いま考えてみても、かなり息苦しく、肩ひじ張りまくりの生活だった。この頃は、特に根拠があるわけでもないのに、「苦しいこと、つらいことをすれば必ず報われるはずだ」という極端な思い込みに支配されていたのだった。

しかし、それだけ頑張ったにもかかわらず、僕は金メダルを逃してしまう。

このとき、「一体、肩ひじ張りまくって生きていたことに、なんの意味があったのだろう?」と、自分の考え方に疑問を持ってしまったのだ。はっきりいえば、僕は誤った考え方に支配されていたと悟ったのだ。

そこからは、意識的に「肩ひじ張らない」を目標とすることに決めた。

実際のところ、肩ひじ張らない生き方は心地よかった。肩ひじ張っていると、知らず知らずのうちにストレスに支配されるようになっていく。当然だけど、ストレスまみれの人生よりは、ノーストレスのほうが快適に決まっている。

それまでの僕ならば、少し無理してでも満員電車に乗って、時間ギリギリに到着するほうを選んでいた。しかし、考えをあらためてからは少々早起きしてでも空《す》いている電車に乗って快適に目的地を目指すことを選択するようになった。

ストレスになりそうなことは、徹底的に遠ざける。多少カッコ悪くてもいいから、ストレスらしき気配を感じたら、僕は一目散に逃げることを決めた。

逆に肩ひじ張って生きることは息苦しいと知ったのである。

もちろん、現役アスリートである以上、自分を追い込み、さらなる負荷を与えるトレーニングは必要不可欠である。だからこそ、もちろんこれまでと同様、きちんと練習メニューをこなしている。

けれども、それはあくまでもプール内、トレーニング場内での話だ。プールからあがれば、極力、快適に過ごすことを心がけている。2022年に結婚したことも、ちょうどいい具合に競技との距離を保つことにつながっている。その点は、かつての自分とは完全に正反対だ。

水泳に関しては自分にテンションを与えて、それ以外の時間は徹底的に脱力して過ごす。それによって、結果的に水泳にもいい影響が出るようになる。いまでは、この好循環のサイクルがとても心地よい。

もちろん、2024年のパリ大会を目前に控えて緊張感は高まりつつあるけれど、それでも僕は肩ひじ張らずに生きていくつもりだ。

13

置かれた場所で咲きましょう

「好きな言葉はなんですか？」

この質問は、数えきれないくらい何度もされた。だから「なにかいい言葉を見つけておかなければ」と思い、高校生の頃から、インタビューなどで尋ねられたときには「人生は一度きり」という言葉を挙げることにしていた。

実際に、誰でも人生はいちどしかない。そうであるなら、悔いのないように、精一杯自分の人生を生きたい。それに、1日1日を一生懸命生きていれば、毎日が楽しいし、やりがいだって芽生えてくる。その思いはいまでも変わらない。

だが、最近では別の言葉がお気に入りだ。

それは、「置かれた場所で咲きなさい」という名言だ。割とよくされる質問なので、インタビューではこのフレーズを挙げるようにしている。

僕がこの言葉と出合ったのは、渡辺和子さんの同名の本だった。渡辺さんは学校法人ノートルダム清心学園の学長、そして理事長を務められた方で、敬虔なクリスチャンだ。

彼女が著した『置かれた場所で咲きなさい』（幻冬舎）が大ベストセラーになっ

たのが2012年、渡辺さんが75歳のときのこと。ということは、僕はすでに成人したあとのことだ。

偶然、彼女の本を読んで、たまたまこの言葉を知ったのだけど、妙にしっくりくるというか、ストンと腑に落ちた気がした。

それから何年も経って、僕はアメリカに留学した。現地で入学したのがノートルダム大学メリーランド校だった。最初はなんとも思っていなかったのだけれど、ある日ふと気がついた。

「あれ、ノートルダム大学って、確か……」

そう、渡辺さんが学長、理事長を務めた由緒正しき学校だ。勝手に縁を感じてしまって、それ以来、ますますこの言葉が気に入るようになった。

でも、それからかなり経って、SNS上のある投稿を知った。

そこには、「この言葉は確かに名言だけれど、人間は花と違って、自分の意思で歩くことができるのだから、『自ら咲ける場所を探しなさい』というのが正しいのではないか?」といったことが書かれていたのだ。

なるほど、確かに「置かれた場所」にとどまるのではなく、自分の意思で「花開く場所」を探したほうが能動的だしアクティブではある。

それ以来、自分なりにじっくりと考えてみた。「置かれた場所で咲く」というのは、要は「自分のできる範囲のことをやる」ということだろう。

一方の「咲ける場所を探す」というのは、「ここがダメなら、別の場所を探せ」という発想なのだろうか? 僕にあてはめると「無理してそこで戦わなくても、自分が戦える場所を探しましょう」という意味になるのだろうか?

それなら、僕の生き方とも重なってくるような気がする。

だけど、世間的にはもちろん「置かれた場所で〜」のほうが有名だし、一般的なので、ひとまずはこれからも「座右の銘は、『置かれた場所で咲きなさい』です」と答え続けるだろう。障がいを持って生まれてきたことも、たまたま水泳と出合い、いまも懸命に練習を続けていることも、それは僕にとっての「置かれた場所」であるのだ。僕はこれからも、置かれた場所で咲き続けたい。

14

つらいことのその先には、楽しい未来が待っている

幼い頃から水泳を続けているけれど、練習が楽しいと思ったことは1回たりともない。もちろん、記録が伸びている実感を得られたり、コーチに褒められたりしたら嬉しいし、達成感もあるけれど、それでもやっぱり練習は好きになれない。

小さい頃からずっと、練習漬けの日々を過ごしてきた。

スイミングスクールに入ったばかりの頃は、水のなかでひたすらジャンプして潜ってを繰り返すだけという練習からはじまった。僕としては、「早く息継ぎを覚えたい」とうずうずしているのに、なかなか次の練習に進んでくれない。これはこれで、別の意味で辛い日々だったことをよく覚えている。

中学時代に入部した水泳部では、記録的な冷夏のなかで、真夏なのにブルブル震えながら練習をしたこともあった。中学には屋外プールしかなかったから、毎日泳げるのは5月から9月までの5カ月間だけとなる。その時期以外は体育館でひたすら筋トレに励む日々だ。これもまた大変だった。

その後、高校、大学と進むにつれて、当然のように練習もハードになっていく。プールで泳ぐだけでなく、体育館での筋トレ、自宅での食トレと、トレーニング内容も多岐にわたっていくことになった。

振り返ってみても、本当に「よくやったな」と思う。記録を伸ばすため、試合に勝つためにはハードな練習は欠かせないものだと頭では理解していても、やっぱり練習はつらいし、好きになることはない。

でも、アメリカ留学中に、ちょっとだけ練習に対する考え方が変わった。

もちろん、アメリカでも練習はキツかったのだが、練習に対する選手たちの向き合い方が日本の選手たちとはまったく違っていたのだ。キツいトレーニングをしていたにもかかわらず、彼ら彼女らは口々にこんなことを語っていた。

「キツい練習の先には楽しい試合があって、そこで活躍している自分をイメージするとすごくワクワクするんだよ」

目から鱗の発想だった。僕にはまったくない考え方だったからだ。

それを聞いて、「これこそ、僕らが幼い頃にスポーツをはじめた原点だよな」と素直に思えたのだ。

そういえば、東京大会での国内合宿のときのことだ。

時期的に新型コロナウイルス感染症で揺れていた頃でもあったし、「自国開催」というプレッシャーもあったから、あのときのナショナルトレーニングセンターは、まるで告別式のようなどんよりと重苦しい雰囲気に支配されていた。誰ひとり笑っていなくて、みんなしんどそうだった。選手だけではなく、コーチもそんな感じだったのが忘れられない。

一方、アメリカの代表選手たちは本当に楽しそうに練習していた。彼ら彼女らは「日本は楽しそうな国だな」と、若干、観光旅行のような雰囲気で和気あいあいと練習していたのだ。日本人とは対照的な、笑顔が絶えないあの光景もまた僕にインパクトを残した。

日本人の生真面目さもいいけれど、アメリカ人の楽観的な考え方も嫌いじゃないし、「なかなかいいな」とむしろ肯定的にとらえている。

だから僕も、それからは「つらいことのその先には、楽しい未来が待っている」の精神を大切にしている。

15

気楽な思いで神仏にすがるのもあり

アスリートのなかには、徹底的にゲン担ぎにこだわって、日常生活から様々な決まりごとを遂行している人も多いものだ。

けれども僕の場合は、むかしからまったくそういうことには無頓着だ。ただ、東京大会のときは、ささやかなゲン担ぎをしたことがある。

それが、「大嫌いな納豆を食べること」というものだった。

もしも誰かに、「一体、納豆を食べることがどうしてゲン担ぎになるのか？」と聞かれたとしても、うまく答えることができない。なぜなら、僕にもその理由はよくわかっていないからである。

きっかけは、本当に些細なことだった。

僕は時間をかけて朝食をとるタイプで、カフェやファミレスでモーニングセットを時間をかけて食べたいのだけれど、東京大会の頃はコロナ禍の真っただ中ということもあって、外出するのははばかられた。

よって、自宅で食べるしかないので仕方なく自炊をしていた。そこで「なにを食べようか？」と考えたときに、「どうせなら身体にいいものを食べよう」ということで、苦手な納豆を食べることにしたのだ。

僕にとっての納豆は、「絶対に食べられない」というほど大嫌いなものではないけれど、かといって「積極的に食べたい」というものでもない。けれども、「身体にいいものを食べる」ということは大切なことだし、「あまり好きじゃないものをあえて食べる」ということには、克己心のような強い意志が感じられる。

ということで、僕は勝手に「納豆を食べることで徳を積んでいるのだ」と自分にとって都合のいい解釈をするようになったのだ。つまり、納豆によるゲン担ぎを自然にはじめていたのである。

東京大会の2カ月前に、長野県で高地トレーニングが行われた。日本代表チーム全員で合宿したのだけれど、このとき、僕より1歳下で仲のいい山田拓朗くんがこんなことをいったのだ。

「この年になると、努力じゃどうにもならない部分もあるよね」

そして、「だから僕は毎日腹筋を1000回している」と口にした。それを聞いて、僕もいった。

「オレは納豆を食べているよ」

自分でもまぬけな返しだと思うけれど、拓朗くんが「腹筋1000回」ならば、僕は「嫌いな納豆」で対抗したい。

ほかにも、「トイレのサンダルをしっかりそろえる」という選手もいれば、「落ちているゴミを拾う」という選手もいた。みんなそれぞれ、メダルを獲得するために、あるいは好記録を出すために「徳を積もう」と頑張っていたのである。

そして、それが僕にとっては「嫌いな納豆を食べる」ということだったのだ。おかげで、この頃はかなり納豆に詳しくなった。少しでも美味しいものを食べたかったし、飽きないために様々な種類の納豆を手当たり次第に購入した。

あまり深刻になりすぎると、悪い意味で念が募って悲壮感が漂ってくるけれど、「嫌いな納豆を食べる」くらいのくだらなくて笑えるゲン担ぎが僕にはちょうどいい。実際に本番で金メダルが獲《と》れたのも、実は納豆効果かもしれない。

人間とは現金なもので、メダルを獲得した瞬間から、もう納豆は食べていない。そろそろ次の大会に向けて、再び納豆売り場に足を運ばねば。

16

夢中になれるものがあると、人生は楽しくなる

ときどき自分でも、「僕はなにが楽しくて生きているのか?」と考えることがある。僕にはこれといった趣味がない。だから、好きなものに夢中になっている人を見ると、「楽しいんだろうな」とうらやましくなってくる。

僕の身近な存在のひとりに、趣味に生きている友だちがいる。彼は「マジック：ザ・ギャザリング」というトレーディングカードゲームにハマっている。毎日のようにカードゲームショップに通って、そこに集う仲間たちと激烈な戦いを繰り広げることに情熱を燃やしているのだという。

普段はごく普通の会社員だが、昇進や昇給にはあまり関心がなく、一般的な生活が維持できるのならば、残りの時間はすべてこのカードゲームに費やしたいみたいだ。

興味のない人間からすれば、「それのなにが面白いの?」とポカンとしてしまうところだが、彼は大真面目に、「このままずっと勝ち進んで、オレは世界大会に行く!」と息巻いている(世界大会まであるのか!)。

「オレが世界大会に行けば、木村と同じだな」

彼にそういわれたことがあるけれど、はたして同じなのだろうか……？

それはともかく、カードゲームに傾ける彼の情熱はハンパない。それは話を聞いていてうらやましくなるほどだ。

楽しくて楽しくて仕方のないものが人生の軸にある――。

彼の生き方に憧れを感じてしまうのは、それが理由なのだろう。彼はいう。

「おまえの水泳のように、夢中になれるものがあると幸せだよな」

でも、水泳に対して僕は彼ほど夢中になってはいない。間違いなく、水泳は僕の人生の軸になっているのだけど、彼のように「楽しくて楽しくて仕方がないか？」と問われれば、自信を持って「イエス」とは答えられない。けれども、彼なら堂々と胸を張って、「イエ～ス！　楽しい！」と絶叫することだろう。

よく、「好きなことは仕事にしないほうがいい」という。たとえ、どんなに大好きなことであっても、いったん仕事となってしまうと、嫌なことやつらいこととも向き合わねばならず、せっかく好きだったものが嫌いになるかもしれない。

その考え方はよく理解できる。そう考えると、自分の仕事と生きがいが一致している人生というのは、かなりコスパがいいことなのかもしれない。

僕の場合は、「水泳が大好きで大好きで仕方がない」というレベルには到底、達していない。けれども、束の間のオフの時期に「水泳のことなんかきれいさっぱり忘れてのんびりしたい」と思うほど、泳ぐことがつらくなったり嫌いになったりしたこともない。そういう意味では、幸せなのだろう。

けれども、僕の友だちのように寝食を忘れるほど没頭できるものがある人生は、やっぱりうらやましく思う。

ふと、現役引退後のことを考えることがある。

もちろん、東京ガスの社員として社業に励んでいることだろう。でも、国際大会に出場して、順位やタイムを本気で競うようなことはなくなる。だけど、それでもやっぱりプールに入って泳ぐことは続けていると思う。

いろいろ考えてみても、水泳以上にやりがいのあるものは見つからなそうだ。ということは、僕は水泳が好きなのかな？　それだけ水泳に夢中になっているということは、僕はいま幸せであるはずだ。うん、そう思うことにしよう。

17

いつの間にか重い荷物が持てるようになっていた

子どもの頃はなにもかも新鮮で目新しいことばかりだから、毎日がとても刺激的で、たくさんのことを吸収できる。けれども、大人になるにつれて、少しずついろいろな経験を積み重ねることで、感動や感激は薄れがちだし、吸収力は桁違いに衰えてしまう。

アメリカで生活していた頃に、特にその思いを強くした。

小さい子どもならば、ただ暮らしているだけでスポンジのように言葉を吸収して、苦労もなく英語が話せるようになるのだろう。

けれども、当時の僕は、すでに30代を目前に控えた大人になっていて、「ただ暮らしているだけで」言葉をマスターするには年齢を重ねすぎていた。

僕が通っていた語学学校には、全盲の学生は僕しかいなかった。それどころか、それまでにも在籍していたことはないようで、いろいろ僕のために試行錯誤しながら気を遣ってくれているようだった。

語学学校の授業では、日本での大学時代と同様に、プリント類はあらかじめデータで送ってもらうようにお願いし、そのデータを保存して点字のパソコンを使って読んでいた。

古い本など、データ化されておらず紙の資料しかないものは、この学校でインターンをしていた韓国人のヒスが、わざわざ僕のためにその資料をパソコンに打ち込んでデータ化してくれたので、本当にありがたかった。

僕が最初に入ったクラスにはサウジアラビア人が4人と、ベラルーシ人がひとりいた。次に進級したクラスではコートジボワール人もいた。もちろん彼ら彼女らも、僕同様に英語を母国語としておらず、発音にはそれぞれのお国訛りがあった。

正しい発音であってもまともにヒアリングできないのに、強烈な訛りのクセのある発音など、聞き取ることはほぼ不可能だ。

（とんでもないところにきてしまったなぁ……）

何度、ため息をついたことかわからない。

けれども、それでもあきらめずに授業に出席し、毎日の課題をこなし、あらゆる国籍、人種のクラスメイトと交流を続けているうちに、少しずつ意思疎通が図れるようになっていることに気づいたのだった。

（あれ、なんかそれなりにコミュニケーションできているぞ……）

なんでも吸収する感受性豊かな子どものようにはいかなかったが、それでも毎日、悪戦苦闘しながら生活しているうちに、それなりに成長していたのだろう。

例えるならば、重い荷物を背負わされて、「重いよ、苦しいよ」と足元を見つめながら山道を登っていて、「ちょっと休もうか」と荷物を下ろした瞬間、目の前に広がる美しい光景に驚くようなものだろうか？

あるいは、重い荷物を持って歩いているうちに、少しずつその重さが苦にならなくなり、「あれ、もう少し持てそうだな」と気づくようなものだろうか？

いずれにしても、いつの間にか重い荷物が持てるようになっていたのだ。そう気づいたときには、なんともいえない嬉しい気持ちになった。

そして、ふと思った。この感覚は、普段のトレーニングとまったく同様なのだ。思えば、中学生の頃に「パラリンピックに出よう」と決意したときの自分と、東京大会で金メダルを獲った自分は地続きの同一人物だけれど、その能力には雲泥の差がある。そう、「いつの間にか、重い荷物が持てるようになっていた」のだ。

18

逃げたいときには、とことん逃げ続ければいい

２０１６年のリオ大会で、僕は金メダルを逃した。２００８年の北京大会初出場からはじまり、２０１２年のロンドン大会を経て、「よし、今度こそ金メダルだ」という思いで、できることはなんでもやった。周囲からも「金メダル候補」として注目されていたし、やる気も気力もマックスな状態だった。

この頃は、朝5時45分にアラームをセットして軽く朝食をとった後、6時半にはすでにプールに着いていた。そして9時まで練習をしてから休憩を挟んで、再び夜6時から8時まで練習をするというスケジュールを組んだ。

しかし、この頃から夜、眠れなくなった。夜中、目が覚めているときはネガティブな想像ばかりしていた。もちろん、大会本番で大失態を犯してしまうという内容だ。だから、睡眠グッズにはかなりお金をかけた。24万円もする高級マットレスまで購入したのだが、残念ながらあまり効果を得られなかった。

食事トレーニングのために普段よりもたくさん食べることで、日常的に吐き気に見舞われるようにもなった。眠れない、食べられない……、一体どうすればいいのか？　そんな最悪な状況下で僕は金メダルを逃したのだ。

だから、僕はアメリカに〝逃げた〟。確かに「環境を変えて一からやり直す」という狙いがあったのは事実だけど、その根本にあったのは「ここではないどこかに行きたい」という思いだった。要は、現実からの逃避である。

一般的に「逃げる」とか「逃避」という言葉にいいイメージはない。基本的にはネガティブな意味で用いられる言葉だろう。

けれども、「逃げる」ことは決して恥ずかしいことではない。むしろ、「嫌だ嫌だ」という思いをいつも抱きながら、不満だらけの環境に身を置いているほうが無駄なエネルギーを使うし、精神衛生上も絶対によくない。

ちょっと前に、マンガ『逃げるは恥だが役に立つ』がドラマ化（ＴＢＳ系列で放送）されて大きな話題を呼んだが、僕は元来、「逃げる」ことで、むしろ新たな自分の世界を切り拓《ひら》くことができると考えていた。

アメリカでの生活は、自分なりに波乱万丈だった。

昼間に通っていた語学学校では僕だけが視覚障がい者だった。寮生活では食事が出ていたけれど、聞いたことのないメニューばかりで、口にするまでなにかわからない得体の知れないものを食べることも多かった。最初のトレーナーである愛すべきトニーが突然辞めてしまったり、クラスメイトが急死したり、大学時代の恩師の突然の訃報で猛烈なホームシックになったりしたこともあった。

そして、2020年には世界中がコロナ禍に揺れた。

その結果、久々に日本で行われる大会も中止になり、ホームシックはますます強くなった。さらに問題だったことがある。第4章でも詳しく述べるけれど、僕の場合は観光ビザでアメリカに滞在していたので、3カ月に1回は国外に出なければならないのに、海外渡航が大幅に制限されてしまったのだ。そこで急遽、なんの用もないのにコスタリカまで1泊2日の弾丸旅行を敢行したこともあった。

そこまでしてアメリカ滞在にこだわったのに、結局は語学学校も休校となり、いつものプールも使えなくなり、街のレストランもジムも閉鎖された。

まさに八方ふさがりの状態だったのだが、僕には「逃げることは恥ずかしいことじゃない」という思いがある。だから、すぐに帰国を決めた。逃げるようにアメリカに行き、逃げるように日本に帰ってきたのだった。

19

抵抗しても変えられない
出来事には、
ただ困っていればいい

新型コロナウイルスによって、人々の暮らしは一変した。

当初、まさかここまでの大ごとになるとは思っていなかったので、コロナウイルスといっても、せいぜいインフルエンザウイルス程度のものだろうと、きっと多くの人が甘く見ていたことだろう。もちろん、僕だってそうだ。

ニュースでは、専門家たちが「目に見えないウイルスだからこそ恐ろしい」と口々にいっていた。もちろん、状況が理解できるようになってくるとさすがに僕も怖くなってきた。もっとも、そもそも僕の場合は、こちらに向かってくる自動車も、刃物を振り回す凶悪犯の姿も見えないのだから、「コロナは見えないから恐ろしい」というコメントにはあまりピンとこなかったのだが。

世界中がコロナで揺れていた頃、僕はアメリカでひとり暮らしをしていた。勤務先の東京ガスからは、「この先、どうなるかわからないから、すぐに帰国するように」という連絡が届いた。

僕の身分は東京ガスの社員だから、所属企業から「帰ってきなさい」と命じられればすぐにでも帰国しなければいけないのだけれど、語学学校サイドが強硬に「帰国してはダメだ」と譲らない。本当に困ってしまって、何度も何度も学校に説明する羽目になった。指導してくれていたブライアンコーチは理解してくれたけれど、いくら説明しても学校サイドの姿勢は変わらなかった。

この時点では、アメリカよりも日本のほうが、コロナが蔓延している状況だったので、もしもいちど帰国してしまえば、再びアメリカに戻ってくる見通しはまったく立たない状況だった。学校が僕のことを気遣ってくれているのはよくわかっていたけれど、それにしても、この頃はなにもかも停滞し、誰も彼もが等しく混乱していた。そんな状況下で、僕はこんなことを考えていた。

抵抗しても変えられない出来事には、ただ困っていればいい——。

それは「受け入れた」とか、「あきらめた」という感情とはちょっと違う。ただ流れに身を任せて、無駄な抵抗をやめていただけだ。それが正確なところだろう。

毎日毎日、状況は刻々と変わり、それに伴う対応策も日々変化していた。そうした一つひとつの出来事に対して、「いちいち自分の感情を乗せてしまっていたら、身が持たないよ」と思っていたのだ。

この時点では、予定どおり東京大会が開催されるのか、それとも延期になるのか、中止になるのかもはっきりしていなかった。

でも、たとえどんな決定になるのかはわからないけれど、やるにしても中止にするにしても、僕の裁量でどうにかできる問題でないのは明確だ。自分でコントロールできないことにメンタルを削られるのは、どう考えても得策じゃない。

いくら抵抗してもどうにもならないことならば、その状況を見守りながら、ただただ困っていればいい。そんな気持ちだったのだ。

それ以上考えても無駄だとは思わないけれど、やっぱり、どうにもならないことは、どうにもならないのだ。僕にできることは大会に向けてきちんと準備をすること。それ以外のことは気にしないし、気にするつもりもない。

どんな状況下であっても、健康的なメンタルをキープするには、それくらいの割り切りが必要なのではないだろうか。

20

うまくいかなかったら、すぐにやめる

新型コロナウイルスの感染拡大で世界中がパニックになったことで、東京大会の開催は、当初予定されていた2020年から翌2021年に延期されることになった。

年が明けて開催時期が近づいてきても、コロナ禍は終息の気配すら見えなかった。この頃、世間では「こんな時期にオリンピック、パラリンピックをやっていてもいいのか？」とか、「未曽有の危機にあるのに世界中から大量の人がやってくるのはナンセンスだ」という声が聞かれるようになった。

当事者である僕自身も、「こんな状況下で開催してもいいのかな？」という思いはずっと拭えなかった。けれども、パラリンピックを開催するかどうかを決める権限はもちろん僕にはない。

だから、僕はいつものように「抵抗しても変えられない出来事には、ただ困っていればいい」の精神を発動して、ただただオロオロしながらも、決められたトレーニングをするしかなかった。

この間、個人のＳＮＳには「頑張ってください」という激励のメッセージのほかに、「こんなご時世なのだから、自分から辞退してください」という厳しい言葉も届いていた。

詳しくは書かないけれど、もっと過激な言葉もあった。

不要不急のものがどんどん遠ざけられていくなかで、国際的なスポーツ大会を開催することにどんな意味があるのか、僕にはわからなかった。正直にいえば、この時期は前向きなスタンスをキープすることがなかなか難しかった。

自分でコントロールできないことだけに、心苦しかったけれど、やっぱり僕は、ただただ困っているだけだったのだ。

1年間の延期が決まった後、「せっかく1年という猶予をもらえたのだから、多少無理やりでもいいから、それを前向きにとらえて有意義に過ごそう」と決めた。いろいろありながら、結局は日本に帰国することが決まったのだから、「アメリカではできないトレーニングをしよう」と決意したのだ。

そのひとつが高地トレーニングだ。

マラソン選手がしばしば採り入れているトレーニング方法なので、ご存知の方も多いと思うけれど、わざわざ酸素の薄い山の上に行って、苦しい思いをしながらひたすら泳ぐ。そうすることで心肺機能を強化するのだ。

それまでやっていなかったことに挑戦する――。

いままで自分が持っていた固定観念を打破するためにも、それはとても意味のあることだと思う。

こんなときにいつも大切にしているのが、「うまくいかなかったら、すぐにやめる」の精神だ。

他人に迷惑をかけない限りは、「これは無駄だな」と気づいたらやめればいい。「あまり意味ないな」と感じたならば違う方法を探せばいい。

最初からベストの方法が見つかるのは、よほど運のいいケースだろう。だったら、正解が見つかるまで何度でもやり直せばいい。

「これしかない」と思うと息苦しくなるけど、「これがダメなら、あれがある」と考えられれば、かなり気持ちもラクになるはずだ。

第3章

困難に直面したらどうする？

21

待っているだけではダメ。能動的に自分からアクションを起こす

物心ついた頃には視覚がなく、気づけばいつの間にか「心のブレーキ」を身につけてしまっていた。すでに述べたように、それが僕の行動原理になっている。一歩、外に出ると様々な危険が次々と押し寄せてくるから、僕はこの「心のブレーキ」を大切にしていくつもりだ。

しかし、人間関係については、僕は比較的「心のブレーキ」よりも、「心のアクセル」を強めに踏むタイプだと自分では思っている。

２００９年春、僕は日本大学に進学した。

幼稚園から、小中高と盲学校で過ごしてきた。14年間も、それなりに快適で守られてきた世界から、ついに一般の学校に飛び込むことになったのだ。

「見えないのがあたりまえ」の世界から、「見えるのがあたりまえ」の世界に飛び出していくことには、やはり不安もあれば、怖さもある。

盲学校ではきちんと自分の居場所を確立していても、一般の世界ではまったく居場所をつくれずに、そのまま退学してしまうというケースもしばしばあるという。

もちろん、僕だってそうなってしまう可能性はあった。

だからこそ、入学のときには「大丈夫かな?」という気持ちと、「僕はそうはならないぞ」という思いが、複雑に入り混じっていたのだ。

進学した日本大学文理学部教育学科には、およそ130人の同級生がいた。入学早々、クラスメイトや先輩たちとの親睦を深めるためのちょっとしたパーティーが開かれた。集合時間は9時だったのだが、気合いと気負いでテンションマックスの僕は、8時8分に現場に到着。もちろん、新入生では一番乗りだ。

この日、「ひとりでいいから、絶対にメールアドレスを交換しよう」という目標を掲げていた。「誰ひとり友だちのいない寂しい大学生活」だけは絶対に避けたかったからだ。

パーティーがはじまってから、誤算に気がついた。

僕は内心では「視覚障がい者」という、僕のアイデンティティが武器になると考えていたのだ。健常者のなかにひとりだけぽつんと視覚障がい者がいれば、「もう、それだけで目立てるはずだ」と高を括っていたのだが、その目論見はもろくも崩れ去った。

やはり、障がいを持つ人といきなりコミュニケーションを図ろうと考える人は少数派なのかもしれない。きっと、僕のことを多少は意識しつつも、僕と同様、「いい友だちをつくりたいな」という思いをみんなも抱いていて、自分自身のことで精一杯だったのかもしれない。

けれども、僕はすぐに腹を決めた。

（待っているだけではダメだ。もっともっと能動的に、自分からアクションを起こさなければ……）

そんな思いとともに、「ねぇねぇ、僕は木村っていうんだけど、君は？」と、自分から積極的に話しかけるようにした。その結果、たまたま隣に座った人物と仲良くなることができた。その彼とは、大学時代はもちろん、その後も交流が続く、いい友人関係を築くことができた。その後、水泳サークルでも同様のチャレンジを敢行し、いい先輩、いい仲間に恵まれることになった。

行動を起こさなければなにもはじまらないのだ。

22

「仲間がいるから頑張れる」は、マンガだけの話じゃない

あらためていうまでもなく、水泳というスポーツは個人競技だ。その点は野球やサッカーのような団体競技とは大きく異なる。

さらに、僕の場合は全盲だから、仲間も敵も含めて誰の姿も視界に入らないことで、より〝個人競技感〟は強くなる。

だからといって、「向き合うのは常に自分自身」だとか、「水泳は自己との戦いだ」などと、カッコいいことを述べるつもりもない。確かにそういう部分はあるのだろうが、必ずしもストイックに自分と戦い続けているわけでもない。

「団体競技」とまではいわないにせよ、水泳にもそれに近い側面はある。はじめてそれを実感したのは、大学生になって水泳サークルに入ったときのことだ。

高校までは盲学校に通っていたけれど、大学には全国から様々な人間が集まっていた。なかには、高校時代に輝かしい実績を誇っていた選手もいた。

それまで僕は、「水泳は孤独なスポーツだ」と思っていたのだが、このサークルには40人ほどが在籍していて、大人数での練習はそれだけで楽しかったし、僕ははじめて「仲間がいるっていいいな」と感じていた。

サークル活動は平日の4日間だったけれど、実力のある先輩たちはそれとは別に、授業の合間にも泳いでいると知り、僕も頼み込んで1年生の頃から自主練習に参加させてもらった。

授業の合間にも泳ぐくらいだから、先輩たちはとても意欲的だったし、僕よりも速い人ばかりだった。シンプルに、人数的にたくさんの人がいて、実力的にも自分よりレベルの高い人が多いという状況は、それまで「水泳は孤独なスポーツだ」と考えていた僕にとっては、本当に天国のような環境だった。

僕は1年生ということもあって、先輩たちからもかわいがってもらえた。本当にここは、なにもかもが大満足の環境だった。

当然、快適で居心地のいい環境でする練習は、成績にも反映される。大学入学後はすこぶる快調！　記録もどんどん伸びていく。そうなれば、2012年に開催されるロンドン大会への手応えも大きくなる。

なにもかもが好循環で進んでいた。そして、それが可能となったのは、はじめてそのよさを実感した「仲間」という存在があったからである。

大学卒業後は、日本代表としてともにパラリンピックに臨む先輩や後輩たちの存在が、僕にとっての新たな原動力となった。みんなの期待を背負って国際大会に参加すること。あるいは、「金メダル候補」として注目されること。

普段はひょうひょうと生きているように見られている僕でも、さすがにプレッシャーはある。

そんなときに、同じ境遇にある仲間の存在は心強かった。

僕より1歳下の山田拓朗くんは生まれつき左前腕が欠損している。自由形選手である彼は年齢も近く、お互いに心を許し合える存在だ。彼は日本人選手最年少となる13歳のときに2004年のアテネ大会に出場しているから、代表歴でいえば彼のほうが先輩である。

大会期間中は同じ部屋になり、共同生活を楽しんだ。「仲間がいるから頑張れる」というのはなにもマンガだけの話じゃない。いい仲間がいれば、それだけで人生は楽しくなるのだ。

23

できるかできないかじゃない、やるかやらないか

これまでの人生において、「最大の挫折」を挙げるとしたら、それは間違いなく2016年のリオ大会で金メダルを逃したことだ。

この本のなかで何度も述べてきたように、僕にとっては三度目のパラリンピックとなったこの大会では、「今度こそ絶対に金メダルを獲得するぞ！」という強い意志を持って、それまで以上に過酷な練習に励んできた。

それは決して、現実離れした目標ではなかった。実際に世界ランク1位で臨む種目もあったし、「有力な金メダル候補」として取材を受ける機会も多く、関係者からの期待の大きささも肌で感じていた。

ちなみに僕は以前から、俳優の広瀬すずさんのファンなのだけれど、大会前には、当時、東京ガスのCMに起用されていたすずちゃんからのサプライズ応援動画まで届けられた。「もう、絶対に負けるはずがない！」とすずちゃんパワーのご利益を僕は信じて疑わなかった。

けれども、結果的に僕は金メダルを逃してしまった。この大会では5日連続でレースを行い、銀メダル2個、銅メダル2個という結果に終わった。

言い訳がましくなるけれど、本番直前のコンディションは最悪だった。大会初日の50メートル自由形 S11で銀メダルを獲得。幸先のいいスタートを切ったその日の夕方、いきなり体調に異変が訪れた。

選手村に戻ると、強烈な倦怠感に見舞われた。とにかく全身がだるくて仕方がない。とにかく早く寝て、目が覚めたときにはなにごともなかったかのように回復していることを願って、僕はベッドに入った。

しかし――。その日の深夜、僕は異国のベッドで目覚めてしまった。そう、その前から悩まされていた睡眠障害が、このタイミングで起こってしまったのである。日本を発《た》つときには治まっていたので、「このままなにごともないように」と願っていたのだが、大会がはじまった最悪のタイミングで再び睡眠障害が顔を出したのである。

それでも、大会は粛々と続いていく。やはり体調は万全ではなかったけれど、2日目の100メートル平泳ぎ SB11では銅メダルを獲《と》ることができた。けれども、日に日に体調は悪くなっていく。3日目の100メートルバタフライ

Ｓ11は世界ランク１位で迎えた、僕にとっては大本命の種目だった。しかし、毎朝行っていた練習はキャンセルを余儀なくされた。

こうして迎えた午後の本番では、体調が悪いなかでも自分なりにベストを尽くした。でも、金メダルには一歩届かず銀メダルに終わった。

宿舎に戻ってひとりになると、情けなさと悲しさがドッと押し寄せてきた。やり残したことがないから悔しさはなかった。ただただ、情けなく悲しかった。

４日目も事態は改善せず、起き上がることさえしんどい。確実に発熱していたから、体温計すら手にしなかった。１００メートル自由形　Ｓ11予選は７位に終わった。ギリギリで予選通過こそはたしたけれど、午後の本選はかなり厳しかった。

このとき、コーチから「棄権しよう」と提案された。翌日のことを考えて、ここはあえて棄権することが得策だと考えたのだ。

けれども、僕は絶対に棄権はしたくなかった。「できるかできないかじゃない、やるかやらないか」の問題だ。そして、この日僕は銅メダルを獲得する。以来、「やるかやらないか」と、いつも自分に問いかけるようになった。

24

根拠はないより、あったほうがいい

僕はなにをするにも、慎重な人間だ。

物心ついたときから光のない世界に生きていたので、どうしても、最初から「これは無理だろうな」という心のブレーキが発動してしまう。それが、知らず知らずのうちに身についてしまった習性なのだ。

だけど、現実問題として僕のような全盲の人間は、どんなときでも慎重に行動するように心がけることが、まさに自分の命を守る意味でも大切なことだ。

目をつぶって街を歩くことを想像してほしい。

たとえ歩き慣れた道であっても、壁にぶつかったり、段差に足を取られたりするだろうし、どこから車が飛び出してくるかもわからないし、思わぬ落とし穴にハマってしまうこともあるだろう。

よく、人生を生きていく例えとして、「壁にぶつかる」とか「落とし穴にハマる」という表現を使うけれど、僕の場合は精神的ダメージだけでなく、文字どおり、壁に激突したり、穴に落下したりして肉体的ダメージまで負ってしまうのである。

だからこそ、なにかを決断するときには「そこに根拠があるのかどうか？」ということを大切にしている。

むかしから、「石橋を叩いて渡る」という表現があるけれど、僕の場合は徹底的に叩きまくる。台風襲来後、ようやく台風一過の平穏な状態に戻ったとしても、しばらくは様子見をしてから動き出すタイプだ。

それは、「本当に大丈夫だ」「もう安心だ」という根拠がほしいからだ。

臆病すぎるぐらい慎重であることが、僕にとっては大切なのだ。

でも、もちろんその弊害もある。

なにごとにも臆病で、慎重でありすぎると、絶好の機会をみすみす逃してしまうことになりかねないのである。いつまで経っても、同じところにじっとしているばかりで先に進むこともできない。そういう意味では、「たとえ根拠が希薄であっても、まずは動いてみたほうがいい」という考え方も正しいのだろう。

それに、たとえ根拠があったとしても、「だから必ずうまくいく」というわけでもない。だったら、たとえ根拠が乏しくても、まずは動いてみて試行錯誤しながら「正解」を求めたほうがいいのかもしれない。

いやいや、それでも僕は根拠を求める道を選択したい。

自分なりの根拠を持ってアクションを起こせば、仮に間違ったり、失敗したりしても、「こういう理由でダメだったんだ」と、失敗した理由を探りやすくなるはずだ。そうすれば、その経験が次に必ず生きてくる。

そうした知識が蓄積されれば、いつの日か、無理だと思っていたようなこともできるようになるのではないか？


ここまで偉そうに自分なりの考えを述べてきたけれど、リオ大会後にアメリカに逃げたときには、「これがベストなんだ」という根拠があったわけじゃなかった。完全に無根拠で旅立ち、行き当たりばったりだった。

そう考えると、僕にとっての正解は「根拠はないより、あったほうがいい」ということになるのかな？　フワッとした結論になってしまうけれど、僕はこれからもなるべく根拠を持って生きていくつもりだ。

25

プレッシャーは成功への吉兆

どんな人にも、「ここぞ」という場面では、大なり小なりプレッシャーが押し寄せていることだろう。

僕自身もプレッシャーは感じやすいタイプだが、「でも、プレッシャーを感じているのは自分だけじゃない。みんな平気そうな顔をしているけれど、絶対にプレッシャーは感じているはずだ」と考えるようにしている。

これまでだって、どんな大会においてもプレッシャーを感じてきた。

冷静になって振り返ってみると、プレッシャーに押し潰されそうなときというのは第三者からもたらされるものではなく、意外と「自分で自分にプレッシャーをかけているものだ」ということに気づいた。

「ここで結果を出さなければ……」「もしも、今日負けたら……」と最悪の事態を勝手に考えて、自分自身にプレッシャーをかけてしまっているのだ。そして、結果を出せずに落ち込んでいる姿を勝手に妄想して、まだ起こってもいない未来を恐れてしまうのである。

第三者にとっては、僕がレースに勝とうが負けようが、その人の人生に大きな影響はない。けれども、僕自身の場合レースに勝つか負けるかは、自分の人生に多大な影響を与えてしまうのだ。それこそ、ファンの子どもに「なにがあっても絶対に優勝するからね」と約束でもしていれば、第三者からのプレッシャーを感じることもあるのかもしれないけど、いまのところそんな経験はない。

きっと、読者のみなさんはいま、「なにをあたりまえのことをいっているのだ」と感じていることと思う。でも、それが偽らざる僕の心境だ。大袈裟なことをいえば、ひとつのレースにおいて、結果次第で僕の人生は大きな影響を受けてしまう可能性があるのだ。

もちろん、プレッシャーをものともせずに、決してネガティブにならず、ポジティブなことだけを考えて、「自分はここまで頑張ってきたんだ。必ず勝てる」と自己暗示をかけたいところだけど、それもなかなか難しい。

だから、僕は逆転の発想というわけではないけれど、「プレッシャーは成功への吉兆なのだ」と考えるようにしている。

自分自身の経験でいえば、プレッシャーを感じるときというのは、意外にもきちんと理想的な準備ができているときであることが多い。

僕の場合、練習メニューが見事にハマり、自分でも納得のいくコンディションで迎える大会こそ、「万全の調整をしてきたのだから、絶対に失敗できない」という思いが強くなってしまう。

逆に、思うような練習ができずに、まったく勝てる気がしない状態で臨むレースもある。そんなときには、「たぶん負けるだろうな」という思いが気持ちの大半を占めているから、プレッシャーを感じることはほとんどない。

ということは、プレッシャーを感じているときのほうが、いい結果が出る可能性が高いのではないだろうか。

得体の知れないプレッシャーを感じるということは、それだけいい練習をしていいコンディションであるということの証明でもあるのだ。屁理屈のように聞こえるかもしれないけれど、そう考えられるようになったら、かなり気持ちがラクになった。プレッシャーは成功への吉兆なのだ。

26

人も社会も急には変わらない。
だから僕は小さな
積み重ねで変えていく

アメリカで暮らしているあいだ、「あぁ、やっぱり日本とアメリカはいろいろ違うんだなぁ……」と感じることが何度もあった。

もちろん、「アメリカは素晴らしくて、日本はダメだ」というわけではないし、「日本は優れているけど、アメリカはまだまだだ」というつもりもない。

それぞれの国に、いいところもあれば、「もっとこうしてほしいなぁ……」と思うところもあった。特に僕の場合は視覚障がい者なので、身体障がい者に対する日米の違いには、かなり敏感に反応していた。

視覚障がい者を前にしたとき、日本人は多少の緊張感とともに勇気を出して、「なにかお困りですか?」と声をかけ、アメリカ人は日常のあいさつのように「どう、大丈夫?」といってくれることは前章でも述べた。こうした国民性の問題だけでなく、施設面、設備面でも日米には大きな違いがあった。

例えばアメリカには、「アクセシブルロッカー」と呼ばれるスペースがある。日本では「多目的トイレ」だとか、「だれでもトイレ」「バリアフリートイレ」と呼ばれているもので、車椅子ユーザーだけでなく、高齢者、妊娠中の女性、乳幼児を連れている人、あるいはオストメイト（人工肛門等保有者）などなど、多くの人が使用できるようになっている。

最近では、性的マイノリティの方をめぐって、「『だれでもトイレ』はどうあるべきなのか？」という議論が話題となっている。

アメリカには、「アクセシブルロッカー」は日本の比ではないほど、いたるところにあった。もちろん、広大なアメリカだからこそ可能なのかもしれないけれど、その点は日本よりもはるかに進んでいた。

あるいは、視覚障がい者が使用する「点字」も、アメリカではいたるところにあたりまえのように存在していた。学校などの公共施設はもちろん、一般のホテルやレストラン、スーパー、あるいは電化製品そのものなど、本当にありとあらゆるところに点字が刻印されていて、僕としてはとてもありがたかった。

一概にはいえないだろうが、僕の個人的な体験、主観でいえば、アメリカの場合は「障がいを持つ人が利用するかどうかはわからないけれど、とりあえず準備はしておこう」という感覚があるように思える。そして、いざ障がい者が利用するときに「既存の施設を最大限利用してください」というスタンスだ。

一方の日本は、アメリカに比べればまだまだハード面、施設面では立ち遅れているけれど、いざ障がい者が利用するとなると、利用者にとって便利な施設をあっという間につくってくれる。その速さは尋常じゃない。

繰り返しになるが、どちらがいいとか悪いとかではない。ただ、そこに違いがあるというだけのことだ。

障がいを持つ人たちに対する一般の人たちのメンタル面でも、様々な施設面でも、まだまだ改善すべきこと、取り組むべきことは多い。

けれども、僕が幼かった頃と比べれば、確実に、そして着実に世の中はよくなってきている。人々の気持ちも、そして社会も急に変わることはできない。だけど、小さな積み重ねによって、確実にいい方向に変えることはできる。

決して焦らずに、〝その日〟を迎えるために僕も努力していきたい。

27

「怖さ」は、慣れで簡単に克服できる

2024年のパリ大会が目前に迫ってきた。

もちろん、2大会連続金メダルを目指して日々の練習に取り組んでいるけれど、正直なところ、内心では「次の大会で金メダルを獲ることは難しいかもしれないな……」という思いも抱いている。

別に謙遜しているわけでも、弱気になっているわけでもない。現在の自分のコンディションや、他国の有力選手の現状を冷静に考えると、今回はかなり厳しい戦いが予想されるからだ。今度のパリ大会では、これまで経験したことのない苦戦を強いられるはずだ。

パラリンピックの視覚障がい者の世界では、僕のように先天的な疾患による者と、事故や病気など後天的な理由で障がいを負ってしまう者と、2種類いることはすでに述べた。そして、両者のあいだには越えられない大きな壁があるのもまた事実なのである。

後天的に視覚を失ってしまった人の場合は、それまでに見えていた経験があるので、いわゆる「正しい泳ぎ方」を理解しているケースが多い。それに対して先天的に障がいを持つ人の場合は、いくら頭で理解していても、「本当にこれで正しいのかな？」といった疑問が、どうしてもついて回る。まさに「百聞は一見に如《し》かず」「一目瞭然」といったところで、この差は意外と大きい。

断言しよう。後天的に障がいを持った選手は、これからさらに記録を伸ばしていく。これはもう疑いようのない事実だ。

なぜなら、彼らは、これから怖さを克服していくからである。

そもそも、すでに「理想的な泳ぎ方」「最高の泳法」を身につけている時点で有利である。対する僕は、「見えないことに対する恐怖心」が、彼らよりも薄いというか少ないのが、彼らよりも勝っている点だ。

しかし、これも断言しよう。「怖さは慣れで克服できる」のだ。彼らが光のない世界に順応しはじめたとき、僕はどれだけ互角に戦うことができるのか？

ここから、新たなステージでの勝負がはじまるのだ。

正直にいえば、冒頭で述べたように「このままでは勝てないぞ」という思いを強く抱いている。だからこそ、２０２４年のパリ大会に向けて、僕ははじめてのフォーム改造に取り組むことを決意したのだ。これまでは体力を強化して、パワーベースの泳ぎでメダルを手にすることができた。しかし、これからはさらに技術ベースでのレベルアップが必要になってくる。

そこで、これまで取り組んでこなかったことに挑戦することを決めた。

いままで自分ではあたりまえだと思っていたことが、まったくの見当違いだった、ということもたくさんあった。「もっと早く取り組んでいればよかった」と感じたことも何度もあった。

けれども、当然いいことばかりではないし、「必ず成功する」という保証があるわけでもない。結果的に「余計なことをしなければよかった」と後悔する可能性だってある。

正直、怖い。うまくいくかどうかはわからない。けれども、彼らが身を以《もっ》て証明しているではないか。「怖さ」は慣れで簡単に克服できると。

そう、慣れていくしかないのだ。彼らが次第に慣れていくように、僕もまた少しずつ慣れていくしかないのだ。

28

「自分の求めるもの」と「他人の求めるもの」は違う

2021年の東京大会で金メダルを獲得したことによって、圧倒的に心の余裕ができた。

それを僕は「金メダルシールド」と呼んでいるのだが、最強の守備力を誇るこのシールドのおかげで、なにごとにおいても余裕を持って生きることができるようになった。それでも、いまなお現役生活を続けている以上、次から次へと新しい大会は目の前にやってくる。2024年にはパリ大会も控えている。

当然、世間の人たちは口々に「ぜひ、パリ大会でも金メダルを獲って、大会2連覇を！」といってくれて、熱い期待と声援を送ってもらう機会も増えた。

もちろん、僕だって大会に出場する以上、「2連覇を目指す！」という思いは抱いている。けれども、ファンの方たちの熱い期待と、僕自身の大会への意気込みには若干の温度差があることも肌で感じている。

それはどういうことかというと、僕たち競技者にとって、究極の目標は「速く泳ぐこと」であり、そのために最善の努力をする。けれども、一般のファンの方たちが期待するのは「金メダルを獲得すること」である。

両者は似ているようで、まったく似ていない。いや、まったく違うものだ。

僕たちが目指すのは、あくまでも「自己ベスト更新」なのだ。

ほかの選手がどうなのかは定かではないけれど、少なくとも僕は「いままでの記録を更新した」ということに喜びを感じる。一方、大多数のファンの方にとってはタイムよりもメダルの色のほうが大切なのだ。別にそれが悪いというつもりはない。僕だって、水泳以外の競技を見ていて、やっぱり「金メダルを獲ってほしい」と願っているし、その選手の自己ベストなどいちいち気にすることもない。

例えば、自己ベストを更新してもほかの選手がもっと速い記録を出せば、金メダルには手が届かない。その反対に自分としては冴《さ》えないタイムであっても、ほかの選手がそれよりも遅ければ金メダルを手にすることもある。

タイムというものは絶対的なものだが、順位というものはほかの選手との兼ね合いで決まる相対的なものなのだ。

もちろん、僕だって金メダルがほしい。現にロンドン大会からリオ大会にいたるまでは「とにかく金メダルを！」という強迫観念にとらわれていた。けれども、いちど金メダルを獲得したことで、どちらかといえば、いまの僕は「メダルの色よりもタイム」という気持ちが強いことも事実である。

この点に関しては、「やる人」と「見る人」のあいだに見解の相違があるのも仕方がない。そう考えると、僕はある結論に辿り着く。

「自分の求めるもの」と「他人の求めるもの」は違う——。

そんな、至ってシンプルな結論だ。この背後には、「一体、僕らは誰のために泳ぐのか?」という問題も潜んでいる。

応援してくれる人がいる以上、その人たちのために泳ぐ。もちろん、そんな気持ちは強い。サポートしてくれる人たちがいる。彼ら彼女らの恩に報いなければいけない。それも当然の思いだ。そして、あくまでも自分のために泳ぐ。それも絶対に忘れてはいけないことだろう。

様々な思いを抱えて、僕はパリ大会に臨む。もちろん、期待してくれる人たちのためにも金メダルを目指す。同時に、自分にとっての究極の目標として自己ベスト更新も目指す。そう、いいとこどりの欲張りでいいじゃないか。

29

トータルで「勝ち」なら、目の前の「負け」も気にならない

ときどき、こんなことを考える。

「もしも、東京大会で金メダルが獲れていなかったら……」

高校生だった2008年の北京大会からずっと金メダルを目指して頑張ってきた。僕にとっては心身ともに充実し、「できることはすべてやりきった」という思いで臨んだ2016年、リオ大会ではまさかの銀メダルに終わる。あのときは、本当に絶望的な状態になって、頭のなかが真っ白になった。

そして、逃げるようにアメリカに行き、コロナ禍に揺れる混沌《こんとん》のなかで臨んだ東京大会で、ようやく金メダルを手にすることができた。それは間違いなく、自分のこれまでの人生で最高の瞬間であり、クライマックスだった。

もちろん、僕の人生はこれからも続く。金メダル獲得の瞬間が人生のピークでは、これからの人生があまりにも空《むな》しすぎるから、僕はこれからさらなるピークの瞬間を味わうつもりでいる。

それにしても、仮に東京大会で金メダルを逃していたら、現在とはまったく違う心境で次のパリ大会に臨んでいたことだろう。そして、もしもパリ大会でも金メダルを手にすることができなかったとしたら、その次のロサンゼルス大会を、僕は目指すのだろうか？　大会開催は２０２８年で、その頃には38歳になっている。そこまで、心身ともに万全の状態で「今度こそ！」と、前向きな思いで次の大会を目指すことなどできるのだろうか？

いろいろなことを考えると、「東京大会で金メダルを獲得できて本当によかった」という思いが、あらためて強くなってくる。

そのうえで、ついつい「もしも、まだ金メダルを獲っていなかったら、どんな心境だったんだろう？」と考えてしまうのだ。そんなときにふと頭をよぎるのは、アメリカで過ごした2年の日々だ。

これまで何度も述べているように、アメリカでの日々はなかなかスリリングだった。うまくいかないことばかりだったけれど、すぎ去ってしまえば、ハードな経験ほど記憶のバイアスによって美化されるものだ。

アメリカでの経験は、僕にとってなにひとつ無駄になっていない。極端なことをいえば、一瞬たりとも無駄な時間を過ごしていないと思えたし、そこでの１秒１秒がすべて自分の血となり肉となり、骨となっているという実感があった。

「たまらなく、いい人生だな……」

つくづく、あの時期のことをそう感じるのだ。

すぎ去ってしまった時間のことを「楽しい」と思えたり、「いい人生だな」と噛《か》み締めたりできるのは、つくづく幸せだと思う。そして、「楽しい」と思えれば、それはすなわち「勝ち」だといっていい。

なにごとにも勝ち負けをつける必要はないが、自分で自分のことを「勝ちだな」と思えるのならば、少々の傲慢さや過信も許されるのではないか。

そう考えると、たとえ金メダルが獲れなかったとしても、それ以外の部分を含めて人生トータルで「勝ち」を収めることができるのならば、目の前の「負け」もたいしたことがないような気がしてくるから不思議だ。金メダルを獲ったから、心の余裕があるのは事実だろう。でも、もしも金メダルがなかったとしても、「人生はトータルでの勝負だよ」と、僕は強がってみせたことだろう。

30

モチベーションは そんなに高くなくてもいい

ものごとを成し遂げるときには、高いモチベーションがなければならない——。

子育てに悩む親御さんが、しばしば「子どもがまったくやる気を見せないのですが、どうすればモチベーションを上げることができますか？」といっているのを聞く。でも、僕としては「そんなに気にしなくてもいいのに」と感じてしまう。一般的にはモチベーションがとても重要視されているようだが、僕個人としては、「別に高いモチベーションはなくてもいいのでは？」という思いも抱いている。

そもそも、「モチベーション」の効用というものを、僕はあまり信じていない。学生時代から20代前半くらいまでは、その日のモチベーションによってトレーニングの質が向上したり、レース結果がよくなったりしたこともあったけれど、20代半ば以降は、僕自身のやる気や気合いというものと、トレーニングの質やレース結果が必ずしも比例しなくなってきたような気がするのだ。

身も蓋もない言い方をすれば、「ヌルッと家を出て、ヌルッと練習をして、再びヌルッと家に戻るのがいい」というのが、ここ最近の僕の実感なのである。

こんな表現でしか言い表せないのがお恥ずかしいが、例えるならば、まったくやる気のないダメ社員のような感覚でもある。いわゆる、「意識高い系」とは対極にある、「意識低い系」といった存在だ。

パラリンピック本番が近づいてきたら多少は緊張感も高まって、モチベーション（のようなもの）も芽生えてくるのだが、それでも相変わらず、「ヌルッと」という感じは完全には払拭されない。

２０２１年の東京大会で悲願の金メダルを獲得できたから、こんな気持ちになっているのかもしれない。そう考えたこともある。けれども振り返ってみると、この大会の本番直前でもそこまで高いモチベーションを持っていたわけではなかった気がしている。いまの僕にとっては、「モチベーション」というものを、それほど重視していないというのが正直なところだ。

その前の大会である２０１６年のリオ大会のときは、「絶対に金メダルを獲得するんだ！」という強い思いで激しく厳しい練習に取り組んで本番に臨んだわけだが、結果はご承知のとおり……金メダルには届かなかった。

僕の場合は、下手に気負いすぎたり、肩ひじ張りすぎたりしては本来の調子が出ないのかもしれない。それに、僕の実感としては「できる範囲のことしかできない」というのがしっくりくるのだ。

そして、モチベーションがあろうがなかろうが、やるべきことが決まっている以上、与えられた課題や練習メニューを粛々とこなすしかないのだ。「モチベーションが高いからたくさん練習しました」とか、「モチベーションがないのでサボりました」とかいっている場合ではないのである。

満足のいく練習ができれば、おのずと好結果に結びつく可能性も高くなる。そしてそのとき僕は、成果が出せそうだからこそ、どこかでプレッシャーを感じているはずだ。けれどもそれは、僕にとっては「成功への吉兆」である。

だから、モチベーションが低くても、それほど気にすることはない。

困難に直面しているときに、「モチベーションを上げなければ」と、さらに自分を追い込む必要はないのではないか。

むしろ、「ヌルッと」くらいの感覚でちょうどいいのかもしれない。

第4章

誰もが幸せな社会であるために

31

世界は広い。そして、地球にはすごい人がたくさんいる

中学に進学するときに、たったひとりで上京した。当時、12歳。新たな世界が開けた瞬間だった。それまで、僕にとっての「都会」は生まれ故郷の滋賀県の隣である京都だった。京都駅周辺はすごい人出だったし、伊勢丹は京都にしかない百貨店だと思っていた。

この頃、僕が抱いていた東京のイメージは「すごい京都」というものだった。実際に東京は、ひとつの駅前だけが栄えているわけではなく、いたるところに「京都」が点在しているような印象を受けた。

このときも「世界は広いな」と、幼心に感じたものだった。

そして幸運にも、中学校3年生のときにはじめて海外遠征の機会に恵まれた。第1回の国際視覚障がい者スポーツ連盟のユースの試合、ジュニアの試合で、代表として選ばれたのだ。14歳の僕は、日本選手団の歴史のなかで最年少だった。

出場してみての感想は、あたりまえでベタすぎるけれど、「世界は広いな」というものだった。僕と同じように目が見えなくて、同じような年齢の子どもたちばかりだったのだが、身体が大きくてスピードのある選手も多かった。

このときはじめて、「なんだか自分はとても小さな存在だな」という実感をはっきりと抱いたことを記憶している。

同時に、「地球にはすごい人がたくさんいるのだな」と感じた。そして、「この人たちと戦い続けていったその先に、パラリンピックという舞台が広がっているのかな?」という思いを強く抱いたのだ。

このときの体験から、「いつの日か世界の舞台に立って金メダルを獲《と》りたい」と、かなり具体的で明確な将来の夢を持つことができるようになった。

割と早い時期に「世界」を経験できたことは、本当にラッキーだった。

この大会では、50メートル自由形・金、100メートル自由形・銀、100メートル平泳ぎ・銅と、合計3つのメダルを手に入れた。

はじめての国際大会で、各国の選手たちに圧倒されながらも結果を残すことができた。恩師である寺西真人先生や年上の高校生の選手たちにも「すごいな」と驚かれたことで、僕はすっかり調子に乗ってしまっていた。

高校3年生、18歳のときには北京大会に出場した。

このときはメダルには手が届かなかったけれど、「出場するだけではダメなんだ」と自覚して、「絶対にメダルを獲る」と心に誓った。以来、パラリンピックは、僕の人生においての大きな目標となっている。

リオ大会終了後にはアメリカでの生活も経験した。その背中を押してくれたのが憧れの存在である河合純一さんだ。一緒に食事に行った際に相談すると、河合さんはこういった。

「オレが木村の年齢だったら、アメリカに行くだろうな」

そこには、「もっと若ければ、自分も行くのにな」という、うらやむような、悔しがるようなニュアンスが込められていた。若い頃から世界の舞台で戦ってきた河合さんも、「世界は広い。そして、地球にはすごい人がたくさんいる」ということを肌で知っているからこその言葉だった。

世界の広さを知り、すごい人がたくさんいることを知れば、いわれのない差別や偏見もなくなるはずだ。もういちどいおう、世界は本当に広いのだ。

32

みんなそれぞれ、自分の軸を、アイデンティティを持っている

ニュース番組に出演して、コメンテーターのようなことをさせてもらったときに、「自分はなにも知らないのだな」「自分にはまだまだ引き出しが少ないな」ということを痛切に感じることになった。

もっともっと貪欲に、積極的に知識や経験を増やしていくということは、これからの僕の課題でもある。もちろん、「引退後にキャスターになりたい」という思いがあるわけではなくて、「一社会人として、引き出しはもっと多いほうがいい」と考えているからだ。

番組に出た際に、ラグビー元日本代表・廣瀬俊朗さんから「自分のアイデンティティと照らし合わせてコメントをすると、そのニュースが他人事ではなく、自分事となる」というアドバイスをもらった。確かに、そうしたフィルターを通じてものごとを考えてみると、それまでの自分では思いつかなかったようなコメントができることを知った。廣瀬さんは木曜キャスターを3年も務めており、わざわざ僕のために時間をつくって、ご自身の体験から感じたことを教えてくれたのだ。

僕の場合は「パラリンピアンである」ということ、「金メダリストである」ということ、そして「視覚障がい者である」ということが、ほかの人にはない僕ならではのパーソナリティでありアイデンティティである。

したがって、アスリート目線でものごとを見たり、視覚障がい者の観点からニュースを考えてみたりすることが、僕独自の見方や考え方が生まれるきっかけとなる。そんなことを学べたのは、思い切ってニュース番組に出てみたからだ。これもまた、僕にとっては新たな引き出しのひとつである。

そして、こうしたものの見方は、ひょっとしたら意外と見落としがちな視点だったり、考え方だったりするのかもしれない。そして、その視点が、世の中をよりよくしていくヒントになるのかもしれない。

もっと細かく考えてみると、僕の属性としては、「東京ガスの社員である」ということもそうだし、「ひとりの夫である」ということもまた、僕のアイデンティティとなっている。

当然、Aさんには Aさんなりの、Bさんには Bさんなりのアイデンティティがあり、それぞれがまったく別の人格を持ち、そうした様々な人たちの集団によって、世の中は成り立っている。

アスリートでよかったのは、国際大会を通じてたくさんの国を訪れ、現地の文化に触れたり現地の人との交流ができたりすることだ。

その結果、「みんな違うんだ」というあたりまえの認識を実感として持つことができるようになった。確かにあたりまえすぎる事実だが、意外とこのことを忘れてしまいがちである。どんな人にもその人ならではの軸があったり、譲れぬものがあったりと、アイデンティティを持っていることを忘れてはいけない。

自分がそれまで育んできた考え方と、180度異なる考えを持つ人が存在するのだということを忘れてはいけない。

それを意識しているだけで、かなり相手の立場に立った言動を取ることができる気がする。そうすれば無用な対立や争いはかなり減るのではないか?

理想論であることはわかっている。けれども、相手のことを知ること、それが難しければ、相手の立場を想像すること。人にはそれぞれの軸があり、アイデンティティがある。それを理解することが第一歩となるのだろう。

33

共生社会とは、
それぞれの違いを知り、
その違いを楽しむこと

２０２１年の東京大会が終わってから、それなりの時間が経過した。

大会終了後は、全国各地に呼ばれて講演活動を行ったり、いろいろなイベントに呼んでいただいたり、メディアから出演依頼があれば喜んで参加させてもらったりしている。

コロナ禍での東京大会の開催には様々な意見があった。大会を終えたいま、「パラリンピックの開催は我が国にとってよかったのか?」という問いに対して、僕は「いろいろ意見はあったけれど、やっぱりよかったんだろうな」と考えている。

パラリンピックによって、まずは世界中のすごくたくさんの障がい者がスポットライトを浴びることになったのが最大の理由だ。

健常者の人たちに、「これだけいろんな立場の人が、同じ社会を生きているんだぞ」ということを知ってもらえる機会になった。

なにごとも「知らない」ということがもっとも話をややこしくするというか、壁を高くしてしまうのだ。まずは、「知ってもらうことができた」というのが、東京大会開催の大きな意義だった。

知ってもらえるといろいろ変わってくるもので、人との距離も縮まってくる。実際に以前と比べても、パラリンピック後には声をかけてもらうことが増えた。

また、メディアを見ていても、多くの人々が共生社会について意見をしたり、いろいろな立場の人たちがメディアに出て発言したりすることが増えたと感じている。そして、それは社会として確実に一歩、前進している証拠なのだろう。

「共生社会」、これは非常に定義しづらい言葉だ。僕自身、「共生社会とは一体なんなのか？」と、自分なりに言葉にしたいと考えている。僕が考える共生社会というのは、「いろいろな立場の人が、いろいろな違いがあるということを当然として認識して、その違いというものをむしろ楽しめるようになること」なのだ。それこそが、共生社会なのではないかと考えている。

違いを受け入れるのはもちろんだが、「受け入れる」というのも非常にぼんやりとした言葉だ。まったく触れないでいることも、ある意味では「受け入れている」ということだから、そこからさらに進んで「その違いを楽しめること」こそ、理想的な共生社会だろう。

妻とつきあいをはじめた頃、彼女がふと「ミステリアスな人は、魅力的だ」と口にしたことがある。それを聞いて、「この人、すごいな」と感じると同時に「共生社会とはそういうものなのかもしれないな」と思った。

では、共生社会を実現するためにはなにをしたらいいのか？

これまで、より住みやすく快適な環境を求めて、障がい者は自分の権利を主張してきた。そして、健常者はその訴えに対して、「どうにかして自分たちのマインドを変えていかねば」と考えるのがひとつの構図だった。

けれども、それだけではなく、障がい者側にもやれることがあると思う。それは、パラリンピックをたくさんの人に見てもらったように、自らも積極的に街に出ていって、「自分たちも同じ社会を生きているのだ」と発信していくことだ。

自ら街に出てアピールしていくことも必要な時期に差しかかっているのだ。真の共生社会とは、それぞれの違いを知り、その違いを楽しむこと。そのためには積極的な情報発信、そしてその共有が大きな鍵になると僕は信じている。

34

受け入れなくてもいい、まずはただ「知る」だけでいい

もう少し、「受け入れる」ということについて述べてみたい。

開催するのか中止するのかで様々な議論を呼んだ東京大会。大会が終了しても、たくさんの意見があることは承知しているけれど、個人的な思いとしては、「金メダルを獲得したこと」はもちろん、それに加えて、「多くの人に注目してもらったこと」がすごく意味深い出来事だったと感じている。

近年ではパラリンピックのテレビ放送も行われているけれど、まだ歴史が浅く、パラ選手たちがどのようにメダルを目指して頑張っているのか、それを実際に目にした人は少ないだろう。

しかし東京大会では、無観客とはいえ自国開催ということで、本当に多くの人から注目されることになった。それが、2008年の北京大会からずっとパラリンピックに出場している僕なりの皮膚感覚である。多くの人に見てもらうこと、知ってもらうことにはたくさんの利点があるのだ。

突然話は変わるけれど、「ヘイトスピーチ」や、SNS上での匿名の誹謗《ひぼう》中傷などに代表されるように、現在は多くの差別が問題となっている。とても悲しいことだが、それもまた人間の持つ悲しい一面なのかもしれない。

僕としては、「区別はすべきだけれど、差別はすべきではない」というスタンスだ。なにも知らない未知のものに対して、人はついつい身構えてしまうものだ。世間の人がパラ選手に対して、あるいは障がい者に対して、どのような思いを抱いているのかはわからない。でも、ほとんど交流がなかったり、接点がなかったりすれば、つい身構えてしまうのも当然のことだろう。

けれども、この東京大会のおかげで、いろいろな障がいを持った人たちがスポットライトを浴びて、未知だったものが少しずつあきらかになっていった。

これはすごく大切で、すごく必要なものだった。知らないものがあきらかになるだけで十分なのだ。その意味でも、このパラリンピックには大きな意味があったといえるだろう。

そして、これをきっかけとして、さらに交流を深めていく次のステージを目指せばいい。その際、必ずしも全肯定してもらう必要はない。当然、人の受け止め方はいろいろあるから、「なにか違うな」と違和感を覚えることもあるだろう。でも、それでいいのだ。

細かい言葉のニュアンスの話になってしまうけれど、「知る」と「受け入れる」は、意味合いこそ似ていても、実は大きな違いがある。「受け入れる」には、「たとえあまり納得できなくても認めようか」というニュアンスを感じる。

でも、僕はそこまでは求めたくないし、求めてはいけないと考える。

必ずしも「受け入れる」必要はないけれど、まずは「知る」ことからはじめてほしい。僕らのことを知ってもらったうえで、結果的に障がい者との接触や交流を選ばない人がいるのは当然のことだし、仕方のないことだ。

僕は、必ずしも「受け入れてほしい」とは思っていない。そこには、無理やり僕らの言い分を他者に強いている感じがある。けれども、「ぜひもっともっと知ってほしい」という思いは強く持っている。

受け入れなくてもいい、まずはただ「知る」だけでいい――。

そこから、次のステージがはじまるはずだと僕は考えている。

35

知らないことが多すぎる。
だから楽しい。
だからやってみる

2024年、パリ大会を前にして、僕ははじめて本格的な「フォーム改造」に取り組んでいる。2012年のロンドン五輪、2016年のリオ五輪において2大会連続銅メダルを獲得した星奈津美さんからマンツーマンの指導を受けているのだ。

2023年、食事の席で指導をお願いしたところ、星さんは快く引き受けてくれた。当初は月に1回〜2回程度だったのだが、気づけば週に1回となり、現在では週に3回〜4回の頻度で指導してもらっている。そして、大会が近づくにつれ、星さんだけではなく、水泳指導の専門家やフィジカルトレーナーにも加わってもらい、本番に向けて着々と調整を進めている。水泳指導の専門家が加わってくれたことで、星さんがいかに常人にはできない動きを実現しているのかを解説してもらうのも面白い。

最初に星さんから指摘されたのは、「姿勢の悪さ」だった。知らず知らずのうちに腰が反ってしまい、余計な力が入っていたため、背中とおなかをできるだけフラットにするようにいわれた。

あるいは、それまでは肩もひじも目一杯伸ばして、常に全力で泳いでいたのだが、それではやはり力のロスがあるようで、「もっと緩めて、肩を落として泳いでも、十分力は出せると思うよ」というアドバイスをもらい、以来、それを心がけるようになった。

その結果、力のロスが減って効率よく泳げるようになった気がする。

星さん自身はいわゆる「天才型」の人なので、常人には不可能なことも、自然とできてしまうタイプのスイマーだ。だから、それを言語化したうえで全盲の僕に指導することはかなり大変だと思う。泳いでみては止まって、感覚や意識して力を入れるポイントを話し合う。厳密には、「指導者」というよりも「一緒に泳ぎを考えてくれる人」というのが正確なところかもしれない。

「息継ぎのタイミングをどうするか」といったことも課題のひとつだ。

息継ぎについてはまだ結論が出ていないので、大会までにどのように修正するのか、あるいはこれまでと同じやり方で臨むのかはわからないけれど、いずれにしても、いままで考えもしなかったことに着目して「泳ぎ」というものを新たな視点でとらえ直す作業はなかなか楽しい。腕をかいて、息継ぎをするワンストロークのあいだに、どのようなメカニズムがあるのか？　一連の動作を一つひとつ分解したうえで改善点を見つけていく。

こうした作業を通じて僕が実感したのは、「知らないことが多すぎる」ということだった。いままでなにも考えずに行っていたことを丁寧に点検していくと、あらためて知ることが本当に多い。そのうえで、「次はなにをすべきか？」と考えていく。そうした一連の作業は、好奇心を刺激される楽しいものだ。こうして新しいことに挑戦していくわけだが、もちろん体力や骨格の問題もある。僕自身の運動神経の問題もあるから、「わかっていてもできないこと」もあるし、トライしてみたはいいけれど「やっぱり、僕には合わない」ということもある。

新たなやり方を試すことには無駄もあるかもしれないし、それまで備わっていたものを失ってしまうリスクもあるだろう。それでも試してみる。まだまだ知らないことは多い。知らないことが多すぎるのだ。だから楽しい。だからやってみる。

大会本番を前にして、その思いは、ますます強くなっている。

36

異世界に飛び込むことで、その道のプロへの敬意も高まる

小さい頃から水泳ばかりしてきた。

パラリンピックに出場するようになってからは、日本だけではなく世界中のパラリンピアンや水泳関係者の知り合いも多くなった。ここまでの人生、僕の軸は間違いなく水泳とともにあった。

でも、東京大会で金メダルを獲得してからは、水泳以外の場に顔を出す機会も増えた。個人的に「いい経験をしたな」と思ったのが、いくつかのテレビ番組に出演させてもらったことだ。僕にとっては完全な異業種なので、自分が知らない領域の世界がどんどん広がっていくような気がしてとても新鮮だった。

テレビに出ることが得意かどうかは自分ではわからない。けれど、人前に出るのはどちらかというと好きなほうなので、依頼があればよほどのことがない限り、なるべくお受けするようにしてきた。

日本テレビ系列の『ｎｅｗｓ ｚｅｒｏ』では、キャスターも経験させてもらった。曜日が違っていたので、櫻井翔さんと共演できなかったのは残念だが、それまで自分には関心がなかったり、完全に無関係だったりしたニュースに対して、自分なりの考えを披露することはとても難しいことだと知って勉強になった。

自分のアイデンティティである、「スポーツ選手目線」「視覚障がい者目線」でコメントを発することが求められているのだとは理解していても、生放送において、瞬時に適切な言葉を選択することはかなり難易度が高い。「もっと自分の引き出しを増やさなければ」という思いを強くすることとなった。

真面目な報道番組だけではなく、明石家さんまさんの『踊る！さんま御殿!!』（日本テレビ系列）にも出演させてもらった。この番組では、出演者の方それぞれが「なんとか番組に爪痕を残そう」という思いで、必死に楽しいこと、面白いことを生み出そうとしている姿に感銘を受けた。ちなみに、僕自身はとても緊張していて、どんなことを話したのかまったく覚えていない。

このときに学んだのが、「仕事というのは命がけで手にするものなのだな」ということだった。普段は気楽な気持ちで一視聴者として楽しんでいるバラエティー番組だが、そこに出演する人、制作する人は、本当にたくさんの汗を流して「楽しい番組」を生み出しているのだということを痛感させられた。

ＮＨＫのトークバラエティー『阿佐ヶ谷アパートメント』も楽しかった。阿佐ヶ谷姉妹のおふたりが大家を務めるアパートの住人という設定で、ＶＴＲを観ながら、自由に感想をしゃべらせてもらった。

さらに、ただアパートの部屋でＶＴＲを観るだけではなく、自らロケに出て女装パフォーマーのブルボンヌさんと一緒に修験道を経験させてもらった。このとき、「美」にこだわりを持っているブルボンヌさんが自らカツラを取って、つけまつ毛が取れるのも気にせずに滝に打たれることになった。ブルボンヌさんもまた、プロ根性を感じさせてくれる方だった。

こうして、水泳とはまったく別の世界の人たちと触れ合うことができたのは、僕にとっては本当に貴重な財産だ。「世の中にはいろいろな職業があり、いろいろな人がいるのだな」ということ、「その道のプロはやっぱり一流ばかりなのだ」ということ。本当に多くのことを学ぶことができた。

異世界に飛び込むことで、その道のプロへの敬意も高まる。人が人を尊敬できる社会は素晴らしいと思う。僕もまた、他者から尊敬される人間でありたい。

37

「感動ポルノ」が役立つならば、僕はそれでも構わない

一時期、「感動ポルノ」という言葉がメディアを賑わせたことがあった。簡単に説明すると、身体障がい者をテーマやモチーフにして、主に健常者に「お涙ちょうだい」的な感動をもたらすコンテンツとして消費することを指している。

例えば、最近はかなり減ったようだが、以前は「障がいにも負けずに健気に前向きに生きる障がい者」だとか、「障がい者はいつも勤勉で努力家だ」など、手垢にまみれたステレオタイプがテレビや映画、マンガなど各種メディアで描かれることが多かった。

いうまでもないことだけれど、障がいがある人のなかには、もちろん真面目で勤勉な人もいる。でも、当然、不真面目で自堕落な人もいる。人間は人それぞれなのだから、「障がい者はみんな◯◯だ」と、ひとくくりにカテゴライズすることはできないのである。

ここで思い出されるのが、日本テレビ系列で毎年放送されている『24時間テレビ 愛は地球を救う』だ。調べてみたら、僕が生まれる前の1978年から、実に45年以上も放送されている伝統ある番組だと知った。

この番組には多くの障がい者たちが登場し、本当に感動的な物語がたくさん紹介されている。僕もたまに観ることがあるけど、実に感動的で胸が熱くなり、「この人がこんなに頑張っているのだから、僕も頑張ろう」と前向きな気持ちになることは何度もあった。

けれども、この番組こそ、先に挙げた「感動ポルノ」の象徴的な番組として、やり玉に挙げられることが多いのも事実だ。実際に僕の知り合いのなかにも、この番組を批判的なスタンスで語る人もいる。

実際に彼ら彼女らの言い分を聞いてみると、やはり「障がい者をステレオタイプに描いていること」「健常者の『感動したい』という欲求のために障がい者が利用され、消費されていること」を問題視しているようだった。

彼ら彼女らの言い分も理解できるのだが、僕は「別にそれでもいいじゃないか」というスタンスだ。僕がそうだったように、この番組を観て、「勇気が出た」とか、「自分も頑張ろうと思えた」とか、「救われた」と考える人がひとりでもいるのならば、番組としての存在意義は十分あるのではないだろうか。

そして、この番組によって、障がいがある人の考え方や、彼ら彼女らの日常や実態を知る機会が増えれば、それはとても有意義なことではないだろうか。


もちろん、ただ自分たちの同情心を満たしたり、「自分よりも不幸な人間がいるんだから、自分はマシなほうだ」と優越感に浸ったりする見方は、確かに趣味がいいとはいえない。だからといって、「放送を中止すべきだ」とも思わないし、番組によって募金が集まり、誰かが助かるのであれば無理に打ち切る必要もない。

何度もいっているように、「大切なのは、まずは知ること」というのが、僕の基本的な考えだ。したがって、この番組は「知る」という意味において長年にわたって多大な貢献をしているのは間違いない。

世間で問題になっているほど、「感動ポルノ」について僕は否定的にとらえていない。それが役に立つならば、それでもいいではないか。

38

特定の人からべらぼうに愛されるより、万人にそこそこ愛されたい

すでに新型コロナウイルスの脅威が少しずつ世界中に広がりはじめていた2020年3月、僕はまだアメリカに拠点を置いていた。しかし、予定していた日本への帰国がキャンセルになり、観光ビザの更新を余儀なくされた僕は、できる限りの知恵を絞った結果、ブライアンコーチと1泊2日でコスタリカ行きを決めた。

観光ビザの期限は3カ月だ。これをすぎれば不法滞在ということになる。しかし、3カ月以内にいちどでもアメリカから出国すればカウントはリセットされ、再び3カ月の猶予が与えられる。

コロナ禍が訪れる前はなんの問題もなかったのだけれど、コロナによって渡航制限が厳しくなってくると、ビザ更新のために国外に出ることが難しくなってしまった。しかも、カナダやバハマなどアメリカに隣接している国では滞在日数はリセットされないということを知り、いろいろ検討した結果、コスタリカに行くことを決めたのだ。中米カリブの国で、スペイン語が公用語となっている。また、映画『ジュラシック・パーク』の舞台となった国で、特産品はコーヒーだという。

当時滞在していたボルチモアからコスタリカまでは、飛行機で5時間。ロリンゼルスに行くよりも近い。出国検査も入国検査も厄介だったけれど、僕たちは無事コスタリカに足を踏み入れることができた。

ホテルにチェックインしてすぐに、僕とブライアンコーチは近くのカフェに向かった。特産品であるコーヒーをさっそく堪能したかったからだ。たくさん種類があったものの、そこまでコーヒーに詳しくない僕は適当に注文する。

すぐにコーヒーカップが運ばれてきた。まずは深く、その香りを吸い込んだ。芳醇な香りだ。そして一口。なるほど、確かに美味しい。

深さと軽さのバランスがよくて、万人に好まれる味だ。このとき、ふと思った。

（特定の人からべらぼうに愛されるより、このコーヒーのように、僕も万人にそこそこ愛されたいな……）

その翌朝、僕たちは再びアメリカに戻った。ただビザを更新することが目的の1泊2日の弾丸ツアー。どこも観光する時間はなかったのだが、あのときカフェで飲んだ「万人受けするコーヒー」は旅の思い出として印象深い。コロナ騒動がなければコスタリカに行くことも、こんな思いを抱くこともなかったはずだ。

とてもありがたいことに、パラリンピアンとして、これまでに多くの方から応援してもらってきた。こうした応援は本当に力強いし、大会に臨むときの大きなエネルギーとなっている。

こんなときに、あらためて「特定の人からべらぼうに愛されるより、万人にそこそこ愛されたい」と、僕は実感するのだ。

別に熱烈な「木村ファン」でなくてもいい。でも、もしも目の前で僕が泳いでいたら、「木村、頑張れ！」といってもらえる存在ではありたい。それが本当に力となることを僕は知っているからだ。

さて、東京大会終了後、僕はかねておつきあいしていた女性との結婚を決めた。もちろん、僕の障がいのことを理解したうえで決断してくれたのだ。向こうのご両親も驚いたはずだ。それでも結婚を許してくれたのだから、本当に心から感謝するしかない。

ということで、最近では「やっぱり、特定の人にもべらぼうに愛されたいな」という思いが芽生えつつあることを、ここで正直に告白しておきたい。

39

憧れの人はたくさん
いるけれど、
それでもやっぱり、僕は僕だ

僕にはこれまで、何人もの憧れの人、尊敬すべき人がいた。

物心ついた頃の最初のマイヒーローはイアン・ソープ選手。2001年、僕が11歳のとき、福岡で世界水泳が開催された。当時は彼の全盛期である。この大会でも、合計6種目で優勝を飾るなど、圧倒的な強さを誇っていた。

中学生になると、憧れの人はより現実的な存在に変わり、パラリンピアンのレジェンドである河合純一さんへの思いが強くなった。

2004年、僕が中学2年生のときにはじめて一緒に練習させてもらったのだが、このときの河合さんの泳ぎは圧巻だった。年齢は15歳違っているにせよ、「15年後に、自分がこれだけの速さで泳ぐのは無理だろう」と素直に思えた。

河合さんの偉大なところは、パラリンピック6大会で合計21個のメダルを獲得しただけでなく、2003年に日本パラリンピアンズ協会を発足させ、理事としてパラリンピックの普及やパラリンピアンの環境整備に取り組んでいる点にもある。2016年には、IPC（国際パラリンピック委員会）によってパラリンピック殿堂入りをはたす。この殿堂に日本から選ばれたのは、河合さんがはじめてだ。さらに、河合さんの半生を描いた『夢 追いかけて――全盲の普通中学教師 河合純一の教壇日記』（ひくまの出版）は映画化もされ、ご自身が本人役を演じているのもすごい。

２０１２年のロンドン大会では、のちにいろいろとお世話になるブラッドリー・スナイダー選手の存在をはじめて強く意識することになった。本当に強い選手だったし、僕のアメリカ留学中には公私にわたって、いろいろと面倒を見てくれた。本当に頼りになる偉大な選手で、彼の存在によって、僕は選手として、さらなるステップアップをはたせたと思う。

こうして振り返ってみると、そのときどきに憧れの存在がいた。

最初は、「あんな選手になりたい」という憧れのまなざしで見ていたけれど、次第に「あんな選手になるにはどうしたらいいのだろう？」と考えるようになり、そして、さらに熱心に練習に励むようになった。こうしたことの繰り返しによって自分に力がついてくると、「絶対に勝ちたい」という思いが芽生えてくる。

僕が金メダルを獲得できたのも、こうした人たちの存在があったからだ。やはり、「あんな人になりたい」という憧れは、最高の原動力になるのだ。

けれども、憧れの存在を意識しつつも、そこには「自分は自分なのだ」という思いが常にあった。憧れの人から刺激を受けたり、なにかを採り入れたりすることはあっても、だからといってまったく同じ能力を持てるわけでもないし、まったく同じように泳げるわけでもない。

やはり、軸となるのは自分自身なのだ。僕には、「全盲であること」「パラリンピアンであること」、そして「金メダリストであること」というアイデンティティがあると繰り返し書いてきたが、それでいうなら、河合さんもスナイダー選手も同様だ。けれども、決して僕と同じ人間じゃない。

僕らは「全盲の金メダリスト」という同じアイデンティティを持っているけれど、まったくの別人であり、それぞれが異なる人生を生きている。憧れはあっても、「僕は僕だ」ということを忘れてはいけない。むかし両親からいわれた、「人は人、うちはうち」という言葉があらためて蘇《よみがえ》ってくる。

40

隣の芝生は青くない

「運命」というものがあるのかどうかは、僕にはわからない。

けれども、僕がいまもなお水泳を続けていることには、やはり運命的なものを感じている。気がつけば水泳をはじめていて、物心ついた頃には「パラリンピックを目指そう」という思いが芽生えていた。

そこにはなにか、決定的な出来事があったわけではなく、「ただなんとなく……」というぼんやりとした理由があるだけなのだ。例えるならば、敷かれたレールの上をただ進んでいたらそこに水泳があり、パラリンピックがあり、いつの間にか金メダルを手にしていた――そんな感じなのである。

もしも、なんらかのアクシデントによって、そのレールから外れて、別のレールを走っていたらどうなっていたのだろうか？　たまに、そんなことを夢想することもある。「もしも違う人生を歩んでいたら……」と誰もが考えたことがあると思うが、僕もしばしば「もしも水泳をしていなかったら……」と想像する。

具体的にどんな人生を過ごしていたのかについてはなにも浮かばない。だけど、「それはそれで楽しい人生なんじゃないかな……」と楽観的に考えている。

同時に、いまの人生をとても楽しく感じている。

「もしも、別の人生だったら……」と考えるのは、ある意味では単なる興味本位であり、決していまの人生に不満を覚えているからではない。

目が見えないことについても、たまに不便さを感じることはあるが、運命を恨んだりするほど、思いつめて考えることはない。それはそれで、「こういう運命なのだ」と、そこまで深刻にならずに受け止めている。

水泳をやっている人生と、やっていない人生。あるいは、目が見える人生と、目が見えない人生。それぞれ両方とも選択できるわけではないし、誰もがひとつの道しか選べないのなら、「いま自分が歩んでいる人生」を楽しんだほうがいい。

そう考えると、僕は「隣の芝生は青く見える」と考えることはあまりないのかもしれない。いわゆる「ないものねだり」をすることもあまりない。

とはいえ、僕だって聖人君子ではない。

ついつい、他人と自分を比較してしまうこともある。自分よりも頑張っている人を見れば、「オレも頑張らなくちゃいけないな」と考えることもあるし、自分よりも不幸な境遇にある人を見て、「あの人よりはまだ自分のほうが恵まれているな」と自分を慰めることもある。

以前、街中で見知らぬおばさんから、「その杖はどこで買えるんですか?」と尋ねられたことがある。詳しく話を聞いてみると、その人は目の病気を患っていて、やがて失明してしまうのだという。経済的にも逼迫《ひっぱく》していて、身寄りがないのだそうだ。それを聞いたときに、不謹慎かもしれないけど、「自分はまだ恵まれているのだな」と感じたことがあった。

あるいは、目が見える人が、僕に対して「自分は目が見えるだけ、木村よりは幸せだ」と考えることもあるかもしれない。

それについては、別になんとも思わない。僕の存在を通じて、その人が前向きになれるのならば、「それはそれでいいじゃないか」と考えている。

いまの自分に満足できること。むやみに人と比較して一喜一憂しないこと。いまの自分を愛し、自分が手にしているもので満足できる人生。隣の芝生をむやみにうらやまない姿勢こそ、他者を差別しない心の成熟なのだろう。

第5章

人生はいろいろあるから面白い

41

面白いからやる、不必要だからやらない

金メダルを獲得したことで、それまでと比べるとかなり心に余裕ができ、肩ひじ張らずに暮らせるようになった。僕の身を快適に、そして安全に守るこの最強の防具のことを「金メダルシールド」と呼んでいるわけだけど、この防具を持つ以前と、それ以降とではあきらかに考え方が変わった。

端的にいえば「よりシンプルに生きられるようになった」ということだ。

面白いからやるし、面白くないからやらない。

必要だからやるし、不必要だからやらない。

そんな考え方、暮らし方が身についたように思う。

以前の僕は、「金メダルを獲《と》るために、できることはどんなことでもやろう」と考えていた。だからこそ、つまらなく単調な反復練習も、結果的には不必要だったトレーニングも、「これがきっと結果になって返ってくる」と信じて疑わず、ただひたすらに、がむしゃらに取り組んできたのだ。

けれども、ただがむしゃらにやるだけではさほどの効果は得られなかった。その結果、「やはり、そこには根拠がなければダメなのだ」と悟り、自分が取り組むことに対して根拠を求めるようになったのだった。

同時に、練習だけでなく、日々の生活においても、「面白いからやる、不必要だからやらない」とシンプルに考えられるようになった。

もちろん、この考え方にはリスクがあることも承知している。

例えば、「本当はやらなければいけないことだけど、面倒くさいからやらない」とか、「明日の準備をしなければいけないけど、疲れているからやらない」となると、すべてのことが「ラクなほうに、ラクなほうに」と自堕落で安易なほうに流されてしまい、その結果いろいろな人に迷惑をかけたり、たくさんの実害が生じたりするだろう。

だから、単にサボるための口実や怠けるための言い訳となってしまわぬように注意が必要なのはいうまでもない。

けれども、それでもやっぱり、シンプルに生きることで一気にラクになったし、実際の生活実感も満足のいくものとなったように思う。

いわゆる、「ＱＯＬ（クオリティ・オブ・ライフ）」が向上したのだ。

厳密にいえば「面白いから」ではないけれど、２０２４年のパリ大会に向けて、フォーム改造に取り組むことを決めたのも、「記録を伸ばすため」という大命題はあるのだが、それに加えて「新たなことを試してみたい」という思いも動機のひとつになっている。

そんな心の余裕が生まれたのも、「金メダルシールド」のおかげだろう。正直にいえば、フォーム改造によって劇的な変化が出せるという期待が高いわけでもないし、「できるか、できないか？」といった単純なレベルの話でもない。

けれども、新しいことをはじめようという前向きな挑戦の根底にあるのは、「面白いからやる、不必要だからやらない」という思いなのだ。

はたして、どんな結果が出るのか――。

ぜひ、注目してほしい。

42

オリンピックには才能と努力が必要、パラリンピックには運と努力が必要

4年にいちど、オリンピック開催後にパラリンピックが行われている。世間では両者を総称して「オリパラ」などと呼ばれているが、当事者である僕からすれば、オリンピックとパラリンピックは別物だと感じている。

オリンピックは、世界中の「天才」たちが努力に努力を重ねて集う大会。僕にはそんなイメージがある。

一方のパラリンピックは、「天才」というよりも、「努力できる人」が集う大会だという認識でいるのだ。

オリンピックは一部の天才が小さい頃から努力に努力を重ねて出場切符をつかむものだけど、パラリンピックの場合は、もちろん障がいの度合いにもよるけれど、仮にその競技の経験がなくても、大人になってからの努力で出場することも可能だ。

僕の場合は、たまたま小学4年生の頃に水泳をはじめていたのだけど、中学生や高校生の頃にはじめていたとしても、正しい努力さえできればパラリンピック出場はできたかもしれない。

それこそ、元来運動神経がいい人が、大人になってからでも自分の好きな競技、あるいは「メダルが獲得できそうな競技」に狙いを定めて努力すれば、大会出場のみならず、メダルを獲ることも決して不可能ではない。

僕が金メダルを獲得できたことには、視覚障がいにおいて「全盲」というもっとも重い障がいだったから、必然的に競争率が低かったことも大きく影響している。

さらに、幼い頃から目が見えなかった割には、小さい頃から運動する機会に恵まれ、いい指導者と出会い、いい仲間に巡り会えたこと、そして、時代的にも日本においてパラリンピックが急速に広がっていく時期だったことなど、様々な幸運が重なっていたことも大きかった。

これは決して謙遜ではないし、自己評価が低いわけでもなく、冷静に考えてみるたびに「やっぱり、運がよかったんだな」と感じるのである。

そう考えてみると、僕が金メダルを獲得できたことにも、やはり運が大きく影響している。

2021年の東京大会で記録したタイムでは、リオ大会では金メダルを獲得できていない。あるいは、そのリオ大会では銀メダルに終わっているけれど、そのときのタイムならばロンドン大会では金メダルとなっている。

タイムは絶対的なものであるのだが、順位は相対的なものであるというのは、まさにこのことなのだ。

いってみれば、「リオ大会では運がなかったけど、東京大会では運があった」ということになるのだろう。もちろんこれは、パラリンピックに限ったことではなく、オリンピックにおいても同様のことがいえる話である。

オリンピックには才能と努力が必要で、パラリンピックには運と努力が必要だと僕は考えているけれど、いずれにしても努力が必要であることには変わりない。

元読売巨人軍の選手で、メジャーリーガーとしても活躍した松井秀喜さんは「努力できることが才能である」と語っていたのだが、僕もまさに同感である。

やはり、パラリンピックは運と努力が必要な大会なのである。

43

覚悟を決めるときは、勇気を出すとき

ここまで読んでくださった方ならお気づきのことと思うけれど、僕はかなり慎重な性格で、できればスリルとサスペンスに満ちた波乱万丈な人生ではなく、のんびりと平穏な人生を歩みたいと願う人間だ。

人との争いも好まないし、たとえ自分に無関係な出来事であっても、誰かと誰かがいさかいを起こしているのをまのあたりにするのはかなり苦手だ。よくいえば「慎重」だが、はっきりいえば「臆病」なのである。

さらに僕には優柔不断な側面もある。

例えば、友だちと食事に行くときでも、「なにを食べたい?」と聞かれることが本当に苦手だ。それだけではなく、「和食と中華、どっちがいい?」と、たとえ二択であっても、自分の意見を述べることができずに「どっちでもいいよ」と答えてしまう。

自分でもよくわかっている。質問する側としては「どっちでもいい」という答えが、もっとも無意味で求めていないリアクションだということを。

けれども、本当に「どちらでもいい」のだ。もちろん、内心では「昨日、中華を食べたから、今日は和食がいいな」と思うこともある。けれども、よほど嫌いなものやアレルギーがあるものでない限り、自分から希望を述べることはほぼないに等しい。

雑誌の取材現場で、水やお茶やジュースなど、何種類もの飲み物が用意されていて、「木村選手はなにを飲みますか?」と尋ねられるのも苦手だ。むしろ、水しか用意されていなくて、なにも考えることなく「はい、お水です」と差し出されるほうがどれだけ気楽なことか。

一事が万事この調子なので、これまでの人生を振り返ったときに、いわゆる「決断」のようなことをした記憶がほとんどない。結婚を決めたことは多少「決断」といえる気もするが、それでも勢いや流れで決めた感が強い。

僕にとって、「勇気を出す」ということは「覚悟を決める」ということでもある。同時に「覚悟を決める」ということは「勇気を出す」という意味でもある。

「勇気」という言葉には「イチか、バチか」というニュアンスがあるような気がする。だから、その背後にはギャンブル性を感じてしまうのである。人生においては、勇気を出して、覚悟を決めて、「イチか、バチか」の勝負をかけるときがきっとあるのだろう。

ところが幸いにして、これまでの人生において、僕はそのような瞬間を迎えたことがない。「アスリート」という、勝負の世界に生きる人間らしくない発言だと自分でも思うけれど、事実なのだから仕方ない。

先に述べたように、2024年のパリ大会に向けて、僕は人生ではじめて「フォーム改造」に取り組んでいる。試行錯誤しながら練習を続けているけれど、「なかなかいい感じだぞ」と手応えを感じることもあれば、「ダメだ。また最初からやり直しだ」と振り出しに戻って困惑することもある。

競技人生ではじめての試みにトライすることには、多少の勇気が必要だった気もするが、冷静に考えてみると、そこまで勇気や覚悟を必要とした実感もない。

やはり、僕はいまだ勇気を伴った決断をしていないのかもしれない。それがいつの日にやってきて、どんな内容となるのか——。神のみぞ知るといったところだが、願わくば一生、重大な決断を迫られることのない人生を歩みたいものだ。

44

ときには「どうかしている状況」も大切

これまで、重大な決断をしてこなかった人生だと述べた。

それでも唯一、勇気を振り絞って、覚悟を決めて、いわゆる「決断」をしたのは、リオ大会後のアメリカ留学だろう。多くの人から「思い切った決断だよね」といわれるし、マスコミの方からも「金メダル獲得のために、相当な覚悟を持って決めたのですね」といわれることが多い。

でも、そのたびに少々、気恥ずかしい思いになってしまう。あらためて自問自答してみるのだが、正直にいえば周囲の人が思っているほど、「悩み苦しみ、迷いに迷った末にアメリカに練習拠点を移すことを決めた」という感じではないからである。さすがに、「その場のノリで決めた」というほど軽いものではなかったけれど、それでも「さんざん熟慮した末に決断した」というわけでもない。

はっきりいってしまえば、「このままではダメだ。ひとまず環境を変えよう」というのが最初にあって、動き出してから調整を進めていっただけなのである。その根本にあったのは、したたかな計算や戦略ではなく、「一刻も早くここから逃げ出したい」という後ろ向きな姿勢だった。

実際には、たまたま運がよかったけれど、運が悪ければその後の大会で金メダルを獲ることもできず、現地で友だちもできず、語学もろくに身につかず、さんざんな思い出だけを持って、コロナとともに帰国していたかもしれない。

いまあらためて冷静になってみて、今後同じ状況になったとしても、「アメリカに行こう」と、同じ決断をするかどうかはわからない。

ただ、ひとつだけ明確なのは、アメリカ行きを決断したときの自分の感情、心境は、まったく冷静ではなく、ある意味では「どうかしていた」としかいいようのない心理状況にあったことだ。

そして、「でも、変に冷静でなくてよかったな」とホッとしている。冷静だったら、いろいろと理由を探して「行かない」という選択をしていたはずだからだ。

できる理由を探すのか？

できない理由を探すのか？

自分のスタンスによって、ものごとの結論は大きく変わってくる。前向きに「できる理由を探す」ときには、多少の困難があっても、「いや、こうすれば実現可能だ」と考えてものごとを進めていく。

一方、「できない理由を探す」というスタンスであれば、おそらくいくらでも「行かない理由」は挙げられるのだろう。そうなれば、「やっぱり、このプランは無謀だからやめておこうか」という結論が導き出されるはずだ。

僕の本来の気質は、間違いなく後者である。無用なリスクは背負いたくないし、日本で安全に快適に暮らせるのに、わざわざ不確定要素の多いアメリカ行きを決断することも普段であればなかっただろう。

やはり、「あのときはどうかしていた」のである。

けれども、ときにはそんなことも必要なのだろう。結果オーライの考えかもしれないけれど、なりふり構わず決断した瞬間を持てたことで、僕は無事にアメリカに行くことができ、貴重な体験をたくさんすることができた。

ときには、どうかしている状況も大切なのである。

45

辛いこと、大変なことも、
いつか糧になるから大丈夫

前項では、アメリカ留学について「貴重な体験をたくさんすることができた」と語った。それは偽らざる本音である。

とはいえ、嫌な思い出もたくさんあったし、不愉快な出来事もいろいろと経験した。

先日あるインタビューで、「これまでの人生で腹が立ったことは？」と尋ねられた。このとき、最初に思い浮かんだのがアメリカでの体験だった。

おなかが減ったのでウーバーイーツを頼んだときのことだ。さんざん待たされた挙句、配達員が迷子になり、電話でずっとやり取りをしていたもののうまくコミュニケーションが図れず、結局は食べものが届かずにただただ空腹をこじらせただけだった。おなかがペコペコだっただけに、平常時の何倍もイライラした。この一件はいま思い出しても腹が立って仕方がない。

でも、「これまでの人生で」と前置きがあるなかで、真っ先にこの一件が浮かんだということは、僕はあまり腹が立たない人間なのだろうか？

いや、違う。日々生活しているなかで、僕は割とイライラしたり、腹が立ったりするタイプだと思う。

けれども、ちょっと時間が経過するとあまりそのことにとらわれていないというのか、すっかり頭のなかから消えていることが多いのだ。

もちろん、しばらくのあいだは怒りが収まらないまま、ウジウジ、ネチネチと根に持つこともなくはないのだが、やはり時間が経過すれば、「そういえば、そんなこともあったよね」と、割とあっさりしている。

怒りを継続させることは、意外と難しい。

これは僕だけに限ったことではなく、多くの人にとってもそうなのではないだろうか？

また、このときのインタビューでは、「これまでの人生で最大の挫折はなんですか？」とも尋ねられた。

この質問に対しては、「リオ大会で金メダルを逃したこと」と「早稲田大学の入試で不合格だったこと」が頭に浮かんだのだが、前者を答えることにした。

世の中にはもっと大きな挫折を経験している人がいるのだから、僕の挫折なんてかわいいものだろう。しかも、結果的に次の東京大会では金メダルを獲得できたし、早稲田には落ちたけれど日大には合格して、いい友だちもたくさんできたので、自分のなかではいずれもまったく引きずってはいない。

終わりよければすべてよし、そんな感覚なのだ。

アメリカでもたくさん大変なことはあったし、不愉快なことも多かったはずなのに、いまでは「なにかあったかな?」と、無理やり思い出そうとしなければ具体的なエピソードが出てこない。

今回のように「インタビュー」というあらたまった場において、記憶の糸をたどることでようやく思い出すレベルなのだから、普段は完全に記憶の彼方へと消えているのである。

一方で、楽しかったこと、勉強になったことはスラスラと思い浮かんでくるから不思議だ。辛いこと、大変なことも、結局はいつか糧になるのだ。

だからなにも心配することはない。

46

壊す、迂回する、乗り越えるで、目の前の壁を超えていく

目の前に壁が立ち現れたときに、どんな行動を取るかで、大袈裟にいえばその人の人間性や人生観がわかるような気がする。

壁にぶつかったときに採り得る方法は、パッと思いつくだけで、①「壊す」②「迂回する」③「乗り越える」の3つがあるだろう。

ここまでこの本を読んでくださった方なら、僕が基本的に②「迂回する」を選ぶ人間であるということは理解しているはずだ。たとえ時間がかかったとしても、「確実に向こう側に辿り着ける」という保証があるのならば、いくら遠回りをしようとも、僕は迂回する方法を探す。

けれども、いくら探してみても迂回路が見つからない、あるいは、そもそも迂回できる道がない場合は、①「壊す」という過激な方法を採るか、もしくは③「乗り越える」という選択をせざるを得ないこともあるだろう。

このケースにおいて、どうしても「どちらかを選べ」といわれれば、消極的選択として、「乗り越える」を選ぶ。

言葉では「壁を乗り越える」と簡単に口にすることができるけれど、これはあくまでも正攻法で進んでいくという意思表示であって、具体策ではない。

水泳の場合でいえば、①「壊す」が、「思い切ってフォーム改造に取り組む」といったところで、それまでのフォームを「壊す」ことで、新たなフォームに挑戦するというニュアンスだろう。

そして、②「迂回する」というのは、適切な例えは思い浮かばないけれど、「思い切って休養をとる」とか、「プールに入らずに筋トレに励む」とか、一見すると回り道のようだが、あとになって意味を持つような練習に取り組むというイメージだろうか。

残った③「乗り越える」は、愚直に泳ぎ続けて自分の限界を突破していくしかないということだ。

あらためて自分の競技生活を振り返ると、これまで多くの壁を乗り越えてきたと思う。自分なりに懸命に練習に励んできたつもりだし、実際に順調にタイムも伸ばしてきた。けれども最近は、率直に述べれば、「そろそろ乗り越えられない壁が登場してきたな」という思いを深くしている。

強力なライバルがたくさん登場してきたという外的要因によって、これまでのような「体力が向上すれば自然にタイムもよくなる」という段階は終わりを告げ、いまでは「体力ではなく技術面での向上が不可欠だ」という内的要因に直面しているからである。

そうすると、正攻法で「乗り越える」ことはかなり難しくなり、かといって「迂回する」という悠長なこともいっていられず、僕に残された最後の手段は「壊す」ことになるというわけだ。

こうしたこともベースになって、2024年のパリ大会にはフォームを改造した状態で臨むつもりでいる。すでにパラリンピック本番前のレースにおいて、新たなフォームで出場しているが、「いい感じだな」というときと、「まだまだダメだ」というときが混在している感じだ。

「壊す」という言葉にはどこか暴力的な過激さが潜んでいる。うまくハマれば好結果が望めるかもしれないけれど、もしもハマらなければ……。

はたしてどんな結果となるのか、期待して注目してほしい。

47

続けている限りは、叶わない夢なんてない

アスリートとして競技を続けていくうえで、また、人生を歩んでいくうえでも目標はないよりもあったほうが絶対にいい。

よく、「夢を持ちにくい時代だ」と聞くし、「どうやって夢を持ったらいいのかわからない」という人が多いとも聞く。

幸いなことに、アスリートの場合は「次の大会で優勝する」とか、「自己ベストを更新する」とか、かつての僕のように、いや、いまもそうであるように、「金メダルを獲得する」といった具体的な目標をイメージしやすい。

だから、子どもの頃からずっと、僕には具体的な夢や目標がいつも身近にあった。そして、ここが重要なのだが、僕はこれまで抱いてきた夢をすべて叶えてきた。もちろん、その過程では右往左往したり、迷路に迷い込んでしまったり、様々な試行錯誤を経験したりしたが、あえて「すべて叶えた」と言い切ってしまいたい。

水泳をはじめた頃の最初の目標は、「とりあえず50メートルを泳ぎ切る」というものだった。それをクリアすると、「次は100メートル」など、さらなる目標が次々と目の前に現れて、一歩一歩、階段を上っていくように着実にレベルアップしていった。こうした小さな成功体験の積み重ねが、自分に自信をもたらしてくれたし、それによって自分自身のことを好きになるという相乗効果を生み出していたのだと思う。

目標は次第に具体化していって、「パラリンピックに出場する」「金メダルを獲る」「2大会連続で金メダルを手にする」と、気づけばどんどんどんどん、目標が自分を高みに連れていってくれることとなった。

これまで、アスリートとしての夢はすべて実現してきた。

「叶えられなかった夢はない」と断言できるのは、実際にいつも目標を叶え続けてきたからであり、仮に達成していなくても、すべてがまだ目標達成までの途中経過であるからなのだ。

たとえ目の前の大会で思うような成績を残すことができなかったとしても、僕には次の大会がある。その次の大会で失敗しても、さらにその次の大会がある。

現役でいる限りは、〝挑戦する権利〟を持っているのである。

挑戦を続けているあいだは、すべてが途中経過であり、現在進行形の物語の過程なのである。たとえいま逆境のなかで追い詰められていたとしても、それはハッピーエンドのための伏線であるかもしれないのだ。続けている限りは、叶わない夢なんてない――。

そう考えると、人生が楽しくなってくる気がしないだろうか？

僕にはまだ引退後の明確なヴィジョンがない。アスリートを引退して、ひとりの人間となったときに、これまでのように具体的な目標を持ち続けることができるだろうか？　常に新たな目標を掲げて挑戦を続けることができるだろうか？

それはまだわからない。

けれども、これまでと同様に挑戦し続けるスタンスは忘れずにいたい。「続けていれば必ず夢は叶うのだ」と僕は学んだ。

まさに、人生とともにある水泳は、僕に大切なことを教えてくれた。

48

人生に苦労しすぎると、ひねくれた性格になる!?

大学2年生のとき、僕は教育心理学の授業を専攻していた。

普段は東京大学に勤務している先生が、このときは日大でも非常勤講師として授業を持っていたのだ。この先生はバリアフリーの研究室の方なので、すごく僕に気を遣ってくれ、授業外でも一緒に食事をする間柄となっていた。

大学卒業後、この先生とお会いする機会があった。

この頃の僕は東京ガスへの就職が決まり、大学院生としての勉強も続け、公私ともに順調すぎるほど順調な「社会人スイマー」となっていた。

学生時代と比べれば社会的にも経済的にも安定した立場となり、会社からのサポートもあり、水泳に打ち込む環境が整っていた。

だからこそ、先生に再会したときに僕はこんなことをいった。

「大学卒業後、あまりにも順調で快適すぎるんですけど、こんなになにも苦労せずに生きていて大丈夫ですかね？」

半分冗談、半分本気でいったところ、先生はこんな言葉を返してくれた。

「いや、まったく問題はないよ……」

そして、こう続けたのだ。

「人生で苦労している人間は、どうしても卑屈になったり、ひねくれがちになったりしてしまうから、苦労はないに越したことはないよ」

このとき「なるほど……」と思って、その後も折に触れてこの言葉を思い出すようになった。自分がひねくれているのか、いないのかはわからない。でも、この言葉は強く印象に残っている。

「僕はひねくれているのかな？」と尋ねると、友人の誰もが「ひねくれていない！」と即答してくれた。ということは、僕はあまり苦労していないのだろうか？

……確かに苦労はしていないのだけど。

その友人らとはお世辞を言い合うような関係性ではないので、僕はその言葉をそのまま受け入れることにしたのだけど、僕自身がひねくれているのか、いないのかはやはりよくわからない。

もちろん、苦労してきた人がみんなひねくれているというわけではないだろう。

でも、なるべくならば苦労はしたくないし、ひねくれることなく、健やかに、そして穏やかに生きていきたいものだ。

これまで、「ひねくれないように」と意識して生きてきたことはないけれど、「尖《とが》らないように」とか、「肩ひじ張らないように」という思いを持って生きてきたことは折に触れて述べてきた。

僕は割と、「出る杭は打たれる」という言葉を信じていて、尖りすぎて悪目立ちしてしまえば、必ず第三者から妬まれたり、そねまれたりすると考えている。だから、そうならないように尖ることを避けてきたのだ。

だけど、最近では少し反省もしている。

これまでずっと「尖らないように、尖らないように」と意識して生きてきたけど、知らず知らずのうちに、内心では「尖らないオレってカッコいい」と、「尖らない」ということにこだわりすぎる、別の意味での「尖った生き方」をしてきたのではないだろうか？

なるべくならば、ひねくれず、尖らずに生きていきたいものである。

49

「やったことがある」が増えると人生は楽しくなる

人間としての引き出しを、もっともっと多く持ちたい。

これまでは水泳の世界で生きてきて、「水泳」という共通言語を持つ人たちとの交流が、僕の世界のほぼすべてだった。

たとえ年齢が違っても、国籍が異なっていても、共通の悩みを持ち、同じことに苦しみ、それを乗り越えようとする仲間であり、同志でもあった。

しかし、競技人生もいつまでも続くわけではない。どんなアスリートにも、必ず「引退」する時期が訪れる。正直にいえば、いまの僕には「水泳をやめる自分の姿」がまったくイメージできない。そのときにどんな心境になるのか、まったく想像することができないのだ。

もしも、「水泳」という世界と距離を置くようになったときに、自分はどんな人生を歩むのか？　どんな人たちと交流するのか？　もちろん、東京ガスの一社員として、ひとりの夫として、如才なく、誰とでも仲良くつきあっていけるように努めることだろう。でも、その先はたしてどうなるのだろうか？

わからないからこそ、水泳とはまた違う引き出しが必要になってくる。

これからは「引き出しを増やす」ということを、さらに意識していきたい。そのために映画を観たり、本を読んだり、もっと熱心にニュースを見たり、異分野の方とお話をしたりすることも必要になってくるだろう。

プライベートなことでいえば、結婚したことで引き出しが増えたのは間違いない。実際に自分が体験してみるまでは、結婚によって人生観が覆されたり、これまでの生活習慣がガラッと変わったりするのかもしれないと身構えていた。

けれども、多くの先輩たちがいっていたように、人生の一大事というよりは、「普通」というと語弊があるけど、たまたまタイミングが合って、勢いとともに自然な流れで進んでいったような実感がある。

些細なことかもしれない。でも、これだって結婚してみてわかったことだ。

多くの先輩方がいっていたように、自由に過ごすひとりの時間が減ってしまったのはちょっと窮屈だけど、逆にふたりで過ごすたわいもない時間がとてもリラックスできることを知った。

いいこともあるし、大変なこともある。独身のときには決して経験できなかったことが経験できるのは、やっぱり面白い。

なにごとも経験していないよりは、実際に経験したほうがいい。引き出しを増やすということは、つまるところ、どれだけ多くの経験を積めるかということなのかもしれない。

だからこそ、最近ではしみじみとこう思うのだ。

「やったことがある」が増えると人生は楽しくなる――。

僕はまだ30代だ。人生の折り返し地点にも差しかかっていない。むしろ「やったことがないこと」のほうが圧倒的に多い。そう考えると、楽しみで仕方がない。

50

好きな言葉は「戦略的撤退」

金メダルが獲得できなくて、半ば逃げ出すようにアメリカに練習拠点を移すことを決めたこともそうだし、人との争いがとにかく嫌で、そのためには自分の感情を押し殺すことも厭《いと》わない性格だということもそうだし、僕は慎重な性格であると同時にかなり臆病で消極的な一面も併せ持っている。

それはやはり、視覚障がい者であるということが原因で、どうしても「心のブレーキ」を踏んでしまうからだろう。だから、僕とは正反対の性格で、むやみやたらに「心のアクセル」を全開にできる人がうらやましい。……いや、別にうらやましくもないか。

このような自己分析をしている僕だけど、かつてはそんな自分の性格があまり好きではなかった。なぜなら、「逃げる」という言葉につきまとうネガティブなニュアンスがどうしても拭えなかったからだ。

けれども、ある言葉に出合ってから、僕の考えはガラリと変わった。

それが、「戦略的撤退」というパワーワードだ。

「逃げる」というと、どうしても後ろ向きなイメージを持たれてしまうけれど、

「戦略的撤退」といえば、多少は「攻め」の姿勢が生まれてくるではないか。様々な事態を考慮したうえで、覚悟を決めて撤退するのである。

この「戦略的撤退」という言葉は、単に「逃げる」のではなく、「ものごとを進めていくために、別の方法を採るために一時的に撤退しよう」というニュアンスが込められているし、「ここは撤退するけれど、次に別の方法で反撃する」という意味合いにも受け取れる。すべては、成功へと続くプロセスなのだ。弱気や、逃げの姿勢ではないのである。

そう考えると、自信が芽生えてくるような気がした。

この言葉に注目するようになってから、僕は意識的に「これは戦略的撤退なのだ」と自分に言い聞かせるようになった。

たまに、「強気とはなにか?」「弱気とはなにか?」と考えることがある。

僕には、「強気=積極的、弱気=消極的」というイメージがあるのだが、本当の自分は弱気で、消極的な性格だと自己分析している。なるべくならば、強気になることが必要な場面では誰かに代わってほしいし、僕は弱気のままでも構わないので、それを遠くから見守っているだけでいい。

しかし、「ダメだダメだ！　ここは強気にならなければ」と思うこともたまにある。それは、自分の権利をきちんと主張しなければいけない場面だ。

それに、水泳競技においても弱気のときには往々にしてうまくいかないことも経験則で知っている。僕が生まれる前に活躍して、若くして亡くなった広島東洋カープのエース・津田恒美（恒実）さんの座右の銘は「弱気は最大の敵」だったというけれど、やはり勝負事において「弱気」はタブーだ。

けれども、「戦略的撤退」の場合は、表面的には退《ひ》いているように感じられても、実際にはその裏に勝利のための深謀遠慮がある──。

そんなイメージを演出できるではないか。もちろん、中身が伴っていないのに単なる強がりやハッタリでは意味がないのは、重々承知だ。

けれども、ふと弱気な自分が顔を出しそうになるとき、「ここはひとまず戦略的撤退もやむを得まい」とつぶやくことで勇気が湧いてくるから、人間の気持ちというのはある意味では単純なものなのかもしれない。

おわりに

——僕が本当に伝えたかったこと

僕のような若輩者の人生、そこから得た考えについて、最後まで読んでいただき本当に感謝、感謝の思いしかない。

読んでもらえばわかるように、僕はごくごく普通の30代男性である。世の中の多くの人と同じように、会社員としての一面もあれば、家庭人としての一面もある。本当に、普通の生活を粛々とこなしているにすぎない。

もちろん、「パラリンピアンである」「金メダリストである」ということ、そしてなによりも「全盲である」ということは、ほかの人にはないインパクトのあるアイデンティティだからこそ、こうした本を出版する機会をいただいたわけだ。それでも、こうした肩書きを取り去ってしまえば、「普通の一般人」であるということはご理解いただけたのではないだろうか。

僕がこの本を通して伝えたかったことは、金メダリストとしての特殊な思考法や、「全盲である」がゆえのほかの人とは違う考え方などではなく、むしろ一般人と同じなんだということである。そして、僕の考えに対して「そうそう、わかるよ」という「共感」をしていただけたのなら、それで十分だ。

そして、もうひとつ伝えたかったことがある。

それは、「障がい者も普通の人間なんだよ」ということ、「障がい者にも接しやすい人間がいて、きっとそれが大多数なんだよ」ということだ。

障がい者だからといって、常に悲壮感に満ちているわけではないし、この世の不幸をすべて背負って生きているわけでもない。

僕らも普通に、この現代日本を生きているだけなのだ。

そのことさえきちんと伝われば、この本の目的ははたしたも同然だ。

2021年、東京大会の直前に『闇を泳ぐ　全盲スイマー、自分を超えて世界に挑む。』（ミライカナイ）という本を出版した。世界中がコロナ禍に揺れていて、大会開催も危ぶまれていた頃のことだ。

この大会で、僕はようやく金メダルを獲得した。人生の目標が成就した瞬間だった。

前作の出版から数年しか経過していないのに、この間には様々な環境の変化があり、それに伴う心境の変化もあった。

今回、この本ではそうした変化を踏まえつつ、あらためていま考えていること、気になっていること、心がけていることを思いつくままに述べさせてもらった。

「僕もあなたも同じ人間である」ということが伝わると同時に、だからこそ、多少なりとも「共感」してもらうことができたのではないだろうか。

もしも、少しでもそんな思いになってくれたら、僕としては本当に嬉しい。

最後まで読んでいただき、どうもありがとうございました。

また、どこかでお会いしましょう。

2024年3月

木村敬一

壁を超えるマインドセット 尖らない生き方のすすめ

2024年4月1日 第1刷発行

著者 木村敬一
発行者 鈴木勝彦
発行所 株式会社プレジデント社
〒102-8641 東京都千代田区平河町2-16-1 平河町森タワー13F
https://www.president.co.jp/ https://presidentstore.jp/
電話 03-3237-3732(編集)/03-3237-3731(販売)

ブックデザイン 鈴木成一デザイン室
写真 榎本壮三 Getty Images 朝日新聞社 amanaimages
販売 高橋 徹 川井田美景 森田 巌 末吉秀樹 庄司俊昭 大井重儀
編集 石塚明夫
制作 関 結香
印刷・製本 中央精版印刷株式会社

 ISBN978-4-8334-4061-5 Printed in Japan
落丁・乱丁本はお取り替えいたします。